Issa Ibrahim Mahamadou

Iconoclastes tome III

Issa Ibrahim Mahamadou

Iconoclastes tome III

Les grands de ce monde

Éditions Croix du Salut

Impressum / Mentions légales

Bibliografische Information der Deutschen Nationalbibliothek: Die Deutsche Nationalbibliothek verzeichnet diese Publikation in der Deutschen Nationalbibliografie; detaillierte bibliografische Daten sind im Internet über http://dnb.d-nb.de abrufbar.

Alle in diesem Buch genannten Marken und Produktnamen unterliegen warenzeichen-, marken- oder patentrechtlichem Schutz bzw. sind Warenzeichen oder eingetragene Warenzeichen der jeweiligen Inhaber. Die Wiedergabe von Marken, Produktnamen, Gebrauchsnamen, Handelsnamen, Warenbezeichnungen u.s.w. in diesem Werk berechtigt auch ohne besondere Kennzeichnung nicht zu der Annahme, dass solche Namen im Sinne der Warenzeichen- und Markenschutzgesetzgebung als frei zu betrachten wären und daher von jedermann benutzt werden dürften.

Information bibliographique publiée par la Deutsche Nationalbibliothek: La Deutsche Nationalbibliothek inscrit cette publication à la Deutsche Nationalbibliografie; des données bibliographiques détaillées sont disponibles sur internet à l'adresse http://dnb.d-nb.de.

Toutes marques et noms de produits mentionnés dans ce livre demeurent sous la protection des marques, des marques déposées et des brevets, et sont des marques ou des marques déposées de leurs détenteurs respectifs. L'utilisation des marques, noms de produits, noms communs, noms commerciaux, descriptions de produits, etc, même sans qu'ils soient mentionnés de façon particulière dans ce livre ne signifie en aucune façon que ces noms peuvent être utilisés sans restriction à l'égard de la législation pour la protection des marques et des marques déposées et pourraient donc être utilisés par quiconque.

Coverbild / Photo de couverture: www.ingimage.com

Verlag / Editeur:
Éditions Croix du Salut
ist ein Imprint der / est une marque déposée de
OmniScriptum GmbH & Co. KG
Heinrich-Böcking-Str. 6-8, 66121 Saarbrücken, Deutschland / Allemagne
Email: info@editions-croix.com

Herstellung: siehe letzte Seite /
Impression: voir la dernière page
ISBN: 978-3-8416-9957-2

Copyright / Droit d'auteur © 2015 OmniScriptum GmbH & Co. KG
Alle Rechte vorbehalten. / Tous droits réservés. Saarbrücken 2015

Iconoclastes -Tome III

Les grands de ce monde

Issa Ibrahim Mahamadou

Les figures universelles de la conscience

Introduction

S'il y avait assez de temps et si c'était nécessaire de le faire, quelqu'un pourrait écrire sa vie au détail près en tenant un journal intime dont il fera son mémoire. Narrée, la vie de chacun ferait un livre plus grand que le monde parce qu'il y a trop de détails à chaque instant, et il faut tous les recenser, à moins de s'en tenir à l'essentiel. La rédaction du livre de la vie de chacun aurait été avare en termes de temps, et tout le temps qu'il y a dans le monde n'aurait pas suffi pour terminer ce livre. La personne n'aurait pas eu un seul instant à elle, même pas le temps de respirer. Alors on se demande ce qui aurait été le contenu de ce livre, à part le fait que la personne n'arrête pas d'écrire. La personne n'aurait pas eu le temps pour vivre sa vie, tout son temps aurait été englouti par la rédaction de son mémoire. Il vaut mieux s'en tenir à l'essentiel, les tournants décisifs qui ont marqué cette existence. *« Le jugement infini, comme infini, serait l'accomplissement de la vie se comprenant soi-même; mais quand la conscience de la vie reste dans la représentation, elle se comporte comme la fonction de l'urination. »* <u>La Phénoménologie de l'Esprit</u> *287. Georg Wilhelm Friedrich Hegel.*

La représentation de chacun est faite du film de sa vie écrit au détail près, sans qu'aucun détail n'en manque. Mais l'individu n'a pas assez de temps pour se pencher sur tout, il laisse le soin à sa représentation de prendre soin de tout. Dans sa représentation, il y a même des événements qui ne se sont pas encore déroulés, il y a tout le film de sa vie de long en large, en amont et en aval, en sorte que sa représentation est infinie. C'est un long film sans fin ni début. L'individu est informé sur sa propre vie au fur et à mesure ou chronologiquement. La conscience qui voit ces détails dans le Temps est la conscience claire; elle est vide, mais c'est elle qui forme l'unité de l'ensemble de la représentation; elle est l'unité de de tous les détails du vécu de quelqu'un, tout le livre de sa vie en Un ou en condensé, mais c'est une unité qui n'est aucun des détails, et qui par suite est comme la conscience ou la représentation de rien.

Le livre de la vie de chacun ou son mémoire existe donc avant que l'individu n'ait naquis; il existe de tout temps, mais son vécu se déroule au fur et à mesure dans le Temps. Il y a donc une dimension ou l'individu a existé de tout temps et n'arrêtera jamais d'exister, qui est la conscience claire, et une dimension temporelle faite des détails de la vécu, qui est la conscience empirique ou représentative. La conscience claire subsume beaucoup de détails qu'elle met en rapport pour comprendre quelque chose et aboutir à une conclusion ou une déduction. La conscience empirique ne fait que filmer le vécu ou l'enregistrer machinalement comme une caméra automatique.

L'histoire de la vie de chacun peut ainsi être aussi bien machinalement narrée, et former une représentation, un scénario ou un film, ou bien jugée en comparaison d'autre chose et former un concept. Comme représentation, quelqu'un est seulement son vécu, sans qu'il soit encore question de savoir si ce vécu est qualitatif ou non; il est seulement filmé. Comme concept, il est ce que vaut ce vécu pour lui et aux yeux des autres. Le concept est la valeur de ce vécu , ce que ce vécu vaut, s'il est intéressant ou non, s'il est fameux ou non, s'il est illustre ou banal…etc. Le concept de quelqu'un est ainsi sa représentation ou son vécu se jugeant soi-même, soit pour s'évaluer, soit pour s'amender ou les deux à la fois.

« 2 Il en remua le sol, ôta les pierres, et y mit un plant délicieux; Il bâtit une tour au milieu d'elle, Et il y creusa aussi une cuve. Puis il espéra qu'elle produirait de bons raisins, Mais elle en a produit de mauvais.
3 Maintenant donc, habitants de Jérusalem et hommes de Juda, Soyez juges entre moi et ma vigne!
4 Qu'y avait-il encore à faire à ma vigne, Que je n'aie pas fait pour elle? Pourquoi, quand j'ai espéré qu'elle produirait de bons raisins, En a-t-elle produit de mauvais?
7 La vigne de l'Eternel des armées, c'est la maison d'Israël, Et les hommes de Juda, c'est le plant qu'il chérissait. Il avait espéré de la droiture, et voici du sang versé! De la justice, et voici des cris de détresse!
16 L'Eternel des armées sera élevé par le jugement, Et le Dieu saint sera sanctifié par la justice. » Ésaïe 5.

Pour voir son vécu, l'individu se réfère à la représentation; pour avoir l'intelligence de ce que cela signifie, il se réfère au concept. Donc dans la représentation, il ne fait que se regarder sans rien changer à son vécu. Dans le concept par contre, il ne fait pas que se regarder faire, il intervient sur ce qu'il fait, et il modifie son destin. Le film de sa vie n'est ainsi pas son essence, puisque celle-ci est mouvante. C'est la représentation qui est statique et prédéterminée au détail près. Dans le concept l'essence de l'individu, ou ce qu'il vaut et ce dont il est capable, se révèle à lui à travers l'ingérence dans sa prédétermination. Sa capacité à changer son destin qui est a priori éternel ou immuable, cela est la valeur de l'individu ou ce dont il est capable. Il pourrait s'il le veut, laisser s'écouler son destin, puisque tout a été prévu au détail près, et cela ne lui empêcherait pas d'avoir une vie normale, mais comme ça, il ne découvre pas ce dont il est capable, et il ne montre pas aux autres sa valeur. Il demeure de la sorte un parfait anonyme, puisque son essence ne s'est pas révélée, ni à lui-même, ni autres.

Dans le concept, on juge son vécu dans l'optique de l'améliorer pour se hisser à être à la hauteur, ou être capable. Même si c'est un destin fameux ou une haute naissance, cela ne suffit pas pour que l'essence se révèle. Celle-ci ne se révèle que dans le concept ou l'acte de se voir pour seulement se juger, et non pas pour s'en glorifier. Quand on se mire soi-même, on ne peut pas se trouver comme on se veut; cela est impossible même avec toutes les qualités du monde. Le fait d'être fier de soi-même provient du fait de ne pas avoir eu son essence pour objet, ou de ne pas s'être soi-même vu, de n'être pas réfléchi en soi. Mais le fait de se juger en se voyant, cela hisse automatiquement la conscience à un niveau supérieur par lequel elle s'est immédiatement dépassée, ou à a évolué pour devenir mieux que ce que le jugement du concept faisait d'elle. Donc dans le concept, on est en devenir.

« C'est pourquoi nous ne nous relâchons point; mais quoique notre homme extérieur déchée, toutefois l'intérieur est renouvelé de jour en jour. » 2 Corinthiens 4:16.

«18 Nous tous qui, le visage découvert, contemplons comme dans un miroir la gloire du Seigneur, nous sommes transformés en la même image, de gloire en gloire, comme par le Seigneur, l'Esprit.» 2 Corinthiens 3.

Si la conscience se limite à la représentation, rien ne se change dans son destin, et il se réalise comme il a été prédéterminé. Or le destin de certains n'est ni intéressant, ni souhaitable; il y a des destins tragiques; pourtant ce n'est pas la seule raison pourquoi il faut s'ingérer dans son destin pour le modifier. Même les destins fameux, s'ils ne s'accompagnent pas du concept, ils ne reçoivent pas l'intelligence de ce que signifie leur vie, sa valeur, sa justification ou pourquoi il fallait qu'elle soit. Ils n'appréhendent pas leur essence et de cela, il nait une énorme insatisfaction ou un vide spirituel inconsolable, incompensable par toutes les friandises du monde.

Alors que l'être de l'individu est ce que présente la représentation ou le film de sa vie, son essence est le mouvement par lequel il s'élance pour intervenir dans son destin selon ses capacités, et le concept résulte de ce qu'on a retenu du mouvement de l'essence, ce qu'on a retenu de soi après s'être lancé dans l'action. Après que l'essence se soit déployée, l'individu devrait avoir su quel type d'individu il est au fond, il aura eu le concept de ce qu'il est, ou la connaissance de lui-même. Le concept de quelqu'un est l'idée que représente son essence. A travers le mouvement de l'essence, on ne sait pas encore ce qui en sera l'issue. Quand on a su cette issue, ce résultat apparait à la conscience de l'individu comme l'idée qu'il a de lui-même, et que ne peuvent lui refuser les autres, puisqu'il l'a prouvé. La vie de chacun incarne ainsi une idée, chaque individu symbolise a priori quelque chose, un principe, ou une cause, qui est un mystère pour lui au début, mais qui se fait manifeste dans le concept et devient son idée. En se surveillant et en se regardant faire, l'individu est sensé finir par réaliser quelle est cette idée, mais s'il ne fait pas attention, il peut finir sa vie sans rien comprendre, alors-même que tout son vécu donne à chaque instant des indications pour l'aider à réaliser l'idée qu'il est au fond et incarne. L'idée est l'unicité de la personne. L'idée que je suis ou incarne peut être pensée par quelqu'un d'autre. Chaque individu en pensant, les idées qui lui viennent ce sont des individus ou l'être de certains, comme les autres en pensant tombent parfois sur l'idée que lui incarne. Par l'idée qu'il incarne, l'individu symbolise quelque chose d'universel, il est le représentant sur terre de cette idée. Personne ne maitrise cette idée mieux que lui, c'est quelque chose dans laquelle il n'a pas son égal, en sorte que si les autres individus veulent avoir un peu de cette chose, il faut qu'ils passent par lui, parce que Dieu la lui a confié et a fait de lui le gardien universel de cette chose. C'est lui qui est en charge de cette chose. C'est lui qui fait cette chose le mieux, donc il est le record mondial dans ce domaine-là. C'est une idée originale de lui, jamais inventée par personne. Personne n'aurait pu se faire cette idée s'il n'était pas né l'avoir. Chacun incarne et représente une idée originale qui est son unicité, mais tout le monde ne sait pas d'emblée l'idée qu'il incarne; justement, le but de chacun est de découvrir son essence ou l'idée qu'il incarne.

La conscience en général est le siège de toutes les idées et à ce titre, elle est l'*être-de-tout-de-monde*. Pour penser, il faut sortir de son propre être pour intégrer l'*être-un-de-tout-de-monde*. Dans la pensée, on passe d'une idée à une autre et on devient même des gens qu'on n'est pas; dans la pensée, il est possible de devenir quelqu'un d'autre. Toutes les idées qui sont pensées quand on pense, sont des choses qui ont une existence phénoménale quelque part dans le monde. L'idée qu'on incarne devient elle-même en étant personnifiée ou vivifiée. L'idée prédominante de l'individu est son identité intrinsèque, mais en pensant, il revêt beaucoup d'autres idées. Il n'y a rien qui ne soit pensable et qui n'existe pas quelque part comme quelque chose de concret. S'il est arrivé de penser quelque chose qui ne se trouve pas dans le monde, alors ce n'est qu'une question de temps. Donc il vaut mieux avoir un contrôle sur ce qu'on pense, puisque cela octroie réalité concrète à cette chose. Chaque chose pensée a un correspondant dans le monde extérieur.

« 7 For as he thinketh in his heart, so is he: Eat and drink, saith he to thee; but his heart is not with thee. » Proverbs 23:7.
« La Nature est un temple où de vivants piliers
Laissent parfois sortir de confuses paroles ;
L'homme y passe à travers des forêts de symboles
Qui l'observent avec des regards familiers.

Comme de longs échos qui de loin se confondent
Dans une ténébreuse et profonde unité,
Vaste comme la nuit et comme la clarté,
Les parfums, les couleurs et les sons se répondent.

Il est des parfums frais comme des chairs d'enfants,
Doux comme les hautbois, verts comme les prairies,

- Et d'autres, corrompus, riches et triomphants,

Ayant l'expansion des choses infinies,
Comme l'ambre, le musc, le benjoin et l'encens,
Qui chantent les transports de l'esprit et des sens. » <u>Correspondances</u>
Charles Baudelaire.

L'individu est important aux yeux des autres lorsqu'il symbolise une idée d'importance ou qui fait recette, qui est dans l'air du temps. Une idée a de la valeur aux yeux des gens lorsqu'elle leur permet d'atteindre leurs propres objectifs, notamment pour les besoin de la vie. Mais l'utilité d'une idée n'est pas d'où elle tient sa valeur. Il y a des idées qui n'ont pas d'utilité pour ce qui est des besoins urgents ou les besoins de la vie courante. Les idées les plus élevées ne servent pas à avoir une aptitude, ou ne sont pas d'un grand service pour faire une carrière, pour gagner l'estime et la faveur des autres; elles semblent même desservir l'individu pour ce qui est de joindre les deux bouts. L'objectif qu'elles permettent d'atteindre a sa fin en lui-même, c'est-à-dire que ce sont des idées qu'il faut avoir, un point c'est tout; non pas pour qu'elles fassent gagner quelque chose à l'individu; elles valent par elles-mêmes, parce que quand on ne les a pas à l'esprit, il se crée un grand vide et un grand manque que l'individu ne manquera pas de ressentir. Ce sont elles qui servent de pilier à toutes autres idées qu'on puisse avoir.

Les idées qui sont utiles, ce sont les dons ou les aptitudes à pouvoir faire quelque chose, un savoir-faire particulier, des capacités spéciales qui font gagner du respect et des dividendes à l'individu. Ce sont des idées qui regorgent d'un grand potentiel pour atteindre ou obtenir ce qui vaut aux yeux des gens, ou pour faire carrière. Pour chaque communauté, il y a des choses qui comptent plus que tout, qui pourraient ne pas compter pour d'autres communautés, mais qui pour cette communauté valent leur pesant d'or; ce sont les choses qu'elle tient pour les plus élevées, et chacun cherche un jour à posséder ou atteindre ces choses. Certains individus incarnent les idées qui permettent d'accéder facilement à ces choses. Ils le font, et ils gagnent le respect des gens. Ce n'est pas qu'ils ont œuvré, creusé, pour trouver ces idées dans leur tête. Ils naissent comme ça, en étant ces idées mêmes. Ces idées sont leur être. Donc ils ne font pas comme ils font, dans l'optique de gagner le respect des gens; ils le feraient si on ne les payait pas pour ça, ils ne peuvent pas s'empêcher de faire comme ils font, ils sont comme ça. S'ils avaient à le faire, ils payeraient très cher pour qu'on leur permet de faire ce qu'ils font et pour lesquelles choses ils sont à présent payés. Ils ont besoin de faire ça pour se sentir dans leur peau. Ils sont bien-nés dans le sens où, en naissant et bien avant de naitre, c'est comme s'ils avaient deviné exactement ce que veulent les gens, et ils ont vu juste, ils ont bien deviné ce qu'allaient vouloir les gens. Et ils ont comme choisi de naitre de cette manière, en incarnant les idées les plus en vue, ou qui sont dans l'air du temps. Ils n'ont pas calculé cela, cela est arrivé comme ça, par pure chance.

On n'a pas à creuser pour trouver dans sa tête l'idée qu'on va incarner en naissant, parce que le fait de carburer, creuser, bucher, réfléchir pour trouver une idée qu'on va incarner, cela est le mouvement de la pensée dont a dit qu'il est l'essence; c'est l'essence commune d'après laquelle on peut être tout individu et devenir un autre individu le lendemain, la conscience changeante, alors que l'idée propre à l'individu est unique et statique. Dans l'essence, on perd cet être identique et on embrasse l'être qui n'est pas la possession exclusive de quelqu'un. C'est une essence que chacun peut revêtir pour chercher des idées dans sa tête, mais en ce moment, ça ne veut pas dire que cette essence est son idée exclusive. Ce qu'on est, on n'a pas à creuser pour l'être, on l'est déjà. Avec l'essence commune par contre, on a pris un autre être qui est celui de tout le monde, pour penser ou trouver d'autres idées dans sa tête. Avec cette détermination, on trouve dans l'essence commune une infinité d'idées, et on ne sait plus laquelle choisir. La confusion crée par cet embarras rend l'individu étranger à lui-même, comme quelqu'un qui a cessé d'être qui il est, et est incapable de devenir autre chose à la place. On trouve certes des idées qui sont déjà incarnées par certains autres individus, des idées qui sont déjà prises, on navigue au sein de l'être de certains, mais dans toute cette aventure, on ne parvient pas à trouver une nouvelle idée qui fasse en sorte que l'individu devienne quelqu'un d'autre que qui il est déjà; il ne peut pas incarner une autre idée que celle qu'il incarnait à la base. Il parvient seulement à savoir des choses, mais il ne parvient pas à être un autre lui-même; mais en même temps, en tant qu'il sait des choses, il n'est pas resté le même lui-même; à part ça c'est le même-individu inchangé, le symbole d'une seule et même chose qui est son unicité.

«...19 Un scribe s'approcha, et lui dit: Maître, je te suivrai partout où tu iras. 20 Jésus lui répondit: Les renards ont des tanières, et les oiseaux du ciel ont des nids; mais le Fils de l'homme n'a pas où reposer sa tête. » Matthieu 8.

« 38 Je vous ai envoyés moissonner ce que vous n'avez pas travaillé; d'autres ont travaillé, et vous êtes entrés dans leur travail. » Jean 4.

« L'individu atteint seulement la satisfaction de ses besoins personnels grâce au travail des autres. Ainsi il accomplit aussi le travail universel comme son propre objet dont il est maintenant conscient; le tout devient, comme tout, son œuvre. - Il n'y a rien ici qui ne serait pas réciproque.» <u>La Phénoménologie de l'Esprit</u> Georg Wilhelm Friedrich Hegel.

Tout le monde ne nait pas bien, ne nait pas incarnant les idées les plus en vues dans son temps; certains naissent en incarnant des idées qui ne comptent pas, et en conséquence, ils ne gagnent pas beaucoup de respect de la part de leurs compères. Une idée, même la plus petite, est toujours importante, et est toujours d'une valeur inestimable. Une toute petite idée peut être providentielle, salvatrice ou salutaire. Il n'y a donc pas de petite idée. Mais une idée n'est pas toujours importante n'importe où, ou n'importe quand, ou n'importe comment. Il y a des idées qui avaient de la valeur il y a longtemps de cela, plus maintenant; d'autres dont on ne voit pas encore la valeur pour l'instant, et d'autres qui ont beaucoup de valeur, mais dans une contrée lointaine alors que ceux qui les incarnent habitent ailleurs. Pour bénéficier d'une valorisation, il y a beaucoup de critères qui doivent être réunis, ça ne suffit pas à toute idée d'être importante. Quand donc l'individu nait incarnant une idée qui, pour une raison ou une autre, ne pèse pas aux yeux de sa communauté d'adoption, il sera considéré comme s'il n'était pas bien-né, et il ne jouira pas de beaucoup de respect. Il est alors enclin à penser que l'idée qu'il incarne n'a aucune valeur en elle-même, comme si cela était possible. En effet, puisqu'aux yeux de la communauté il ne lui revient pas une grande part de respect, il pourrait lui aussi se joindre à la communauté et se mettre à penser de lui-même qu'il ne compte pas pour beaucoup, ou ne vaut presque rien; il est enclin à se sous-estimer soi-même. S'il ne lutte pas, il peut à la longue arriver à se convaincre qu'il ne vaut rien du tout. Cela arrive souvent parce que ce n'est pas la tâche de la communauté que de relever l'individu en lui remontant le moral. Sans preuves, la communauté ne peut pas lui consentir de compter pour quelqu'un de valable. S'il mérite en réalité du respect, ce qui est toujours le cas, personne ne peut le savoir d'une manière certaine à part l'individu lui-même. C'est donc à lui qu'incombe la tâche de convaincre les autres en apportant des preuves. Mais s'il se joint à la communauté pour penser de lui-même qu'il n'est pas digne de respect, il se fait énormément du tort, parce qu'en ce moment, ça se valide et il convainc les autres à présent qu'il ne vaut effectivement pas un quelconque respect. En ce moment, on aurait n'a pas eu tort de le prendre pour quelqu'un de peu d'importance. Ça n'aurait pas été juste ou correct de vouer du respect pour quelqu'un qui ne le mérite ni dans les faits ni dans sa conviction propre, c'est-à-dire si ce n'est pas revendiqué.

Il n'existe pas d'idée qui soit mauvaise; une mauvaise idée n'est pas une idée à avoir. Ça veut dire que chaque individu incarne quelque chose de grandiose. Autrement dit, il n'y a pas de fatalité dans le sort de l'homme. Ce n'est pas comme si certains incarnaient des mauvaises idées et que ce serait ce qui leur vaudrait le mépris ou l'irrespect des autres, le fait que les autres ne leur accordent pas beaucoup d'importance. Cependant dans la culpabilité ou l'auto-condamnation, on est plutôt certain d'incarner une mauvaise idée ou qu'on est mal-né, ou que Dieu s'est trompé au sujet de l'individu, ou qu'on est une bizarrerie de la Nature…etc, toute sorte de malédiction imaginée. En réalité ce n'est pas possible d'incarner une mauvaise idée, puisque c'est là un concept équivoque qui ne peut pas exister. Mais ça n'empêche pas à des gens d'être certains qu'ils incarnent de mauvaises idées ou qu'ils ont une mauvaise aura, mauvais karma. Ils en deviennent certains et se condamnent eux-mêmes à mort, pour rien, toute leur vie. Ils sont convaincus qu'ils sont une mauvaise chose, nés sous une mauvaise étoile. De cette façon, ça devient difficile de les aider, parce qu'ils ne peuvent s'en sortir qu'en commençant à se faire une bonne idée d'eux-mêmes; avant cela, rien n'est possible. Donc pour les aider, la première des choses c'est de les amener à se changer l'idée qu'ils se font d'eux-mêmes. Il leur faut savoir qu'ils se trompent, heureusement; sinon ils s'imposent un destin terrible, pour rien. On peut seulement être mal-informé sur l'idée qu'on incarne, ça oui! C'est normal d'ignorer l'idée

qu'on incarne puisque c'est ça le travail; mais de là à s'imaginer que cette idée serait mauvaise, c'est là où on se trompe. Aucun individu ne peut donc être un minable, cela n'est pas possible; par contre il est très possible que l'individu se décrète lui-même comme tel, en imposant aux gens de ne pas le respecter. On se demande comment les gens parviennent à faire de cette impossibilité à être un minable, une réalité. Ou est-ce qu'ils sont partis chercher ça?
Certains peuvent sans se connaitre soi-même joindre les deux bouts, parce que naturellement ou les yeux fermés, ils savent se comporter comme il faut et arriver à bon port. C'est le don de justice ou d'être né eunuque, d'être bien-né. Mais certains autres individus ne parviennent à rien faire comme il faut, avant de s'être consulté ou concerté, avant d'avoir percé le mystère de l'idée qu'ils incarnent. C'est comme si cette idée était morte, et qu'il faudrait d'abord l'activer pour la faire démarrer, sinon ils ne parviennent pas à des résultats probants, n'arrivent pas à tirer leur épingle du jeu. Les autres n'ont pas besoin de ça, ils s'en sortent les yeux fermés. Il ne faut surtout pas les imiter, ce serait avancer les yeux bandés; cela ne fonctionne que pour une catégorie d'individus; pour certains autres, il leur faut ouvrir grand les yeux, faire attention au moindre pas qu'ils posent, tout scruter dans l'optique de découvrir pourquoi l'idée qu'ils incarnent ne fait pas recette ou ne fonctionne pas. Une idée ne peut pas ne pas marcher; quand cela arrive, ça veut seulement dire que quelque chose ne tourne pas en rond, et il faut à tout prix savoir quelle est cette chose qui bloque tout et empêche les choses de fonctionner. Cette chose existe, et il faut la trouver pour pouvoir remettre la machine en marche; sinon les choses n'avancent pas; et en évoquant la fatalité à tort pour expliquer ce sort, on affirme de soi-même qu'on dispose d'une essence éternelle qui ne soit pas souhaitable, ou qu'on incarne une mauvaise idée, ou qu'on a un mauvais karma. Cela ne signifie rien d'autre que l'enfer. En tant qu'incarnant une idée, un homme dispose par là d'une nature éternelle, et il existe sans fin; quand il affirme de lui-même que cette idée éternelle est mauvaise, il ne fait que se condamner à une existence misérable pour l'éternité. Donc l'individu s'impose soi-même l'enfer, alors que ce n'était même pas décidé par Dieu, ce fut une idée originale de l'individu lui-même. Donc chacun doit comprendre qu'il incarne une idée et qu'une idée est par définition quelque chose de sublime ou de hautement estimable, quelque chose d'une valeur

infinie. Si l'individu renonce à cette dignité, il devient effectivement un paumé, un individu ne valant aucun respect. En ce cas, les gens lui marcheraient dessus s'ils n'étaient pas compatissants; il leur faut contrevenir à la justice pour ne pas le bafouer.

« Je suis le cep, vous êtes les sarments. Celui qui demeure en moi et en qui je demeure porte beaucoup de fruit, car sans moi vous ne pouvez rien faire. » Jean 15:5.

« 8 je vous le dis, même s'il ne se levait pas pour les lui donner parce que c'est son ami, il se lèverait à cause de son importunité et lui donnerait tout ce dont il a besoin. 9 Et moi, je vous dis: Demandez, et l'on vous donnera; cherchez, et vous trouverez; frappez, et l'on vous ouvrira. 10 Car quiconque demande reçoit, celui qui cherche trouve, et l'on ouvre à celui qui frappe. 11 Quel est parmi vous le père qui donnera une pierre à son fils, s'il lui demande du pain? Ou, s'il demande un poisson, lui donnera-t-il un serpent au lieu d'un poisson? 12 Ou, s'il demande un œuf, lui donnera-t-il un scorpion? 13 Si donc, méchants comme vous l'êtes, vous savez donner de bonnes choses à vos enfants, à combien plus forte raison le Père céleste donnera-t-il le Saint Esprit à ceux qui le lui demandent. » Luc 11.

« Vous êtes le sel de la terre. Mais si le sel perd sa saveur, avec quoi la lui rendra-t-on? Il ne sert plus qu'à être jeté dehors, et foulé aux pieds par les hommes. » Matthieu 5:13.

Les idées qui sont inutiles, mais qui ne restent pas moins nécessaires, ce sont les plus élevées dans le royaume de la conscience. Ce sont les concepts généraux, les grandes lignes directrices, les figures universelles qui président à la conduite ou au comportement d'une conscience individuelle quelconque. Sans ces idées, la conscience s'égare dans l'appréhension des choses en prenant une chose pour une autre. Elles ne servent à rien d'autre qu'à conduire une conscience afin qu'elle ne s'égare pas dans les voies qu'elle emprunte. Elles permettent à la conscience de bien voir en elle-même, de voir clair en elle-même. Ce sont les idées dont se sert l'esprit pour être. Sans leur action concertée, il n'y a pas de lucidité; l'esprit est le fait que ces idées se concertent pour décider de quelque chose sans se tromper de décision. Quand elles se mettent ensemble en unissant leurs forces vives, elles débouchent toujours sur d'autres idées, elles trouvent toujours de bonnes idées. Autrement dit, leur action concertée fournit la juste chose à savoir, permet de savoir exactement ce qu'il faut savoir et rien d'autre. Si elles ne se mettent pas d'accord, elles sont moins efficaces.

« 24 Veillons les uns sur les autres, pour nous exciter à la charité et aux bonnes oeuvres. 25 N'abandonnons pas notre assemblée, comme c'est la coutume de quelques-uns; mais exhortons-nous réciproquement, et cela d'autant plus que vous voyez s'approcher le jour. » Hébreux 10.

« 34 Je vous donne un commandement nouveau: Aimez-vous les uns les autres; comme je vous ai aimés, vous aussi, aimez-vous les uns les autres. 35 A ceci tous connaîtront que vous êtes mes disciples, si vous avez de l'amour les uns pour les autres. » Jean 13.

« 15 Nous tous donc qui sommes parfaits, ayons cette même pensée; et si vous êtes en quelque point d'un autre avis, Dieu vous éclairera aussi là-dessus. 16 Seulement, au point où nous sommes parvenus, marchons d'un même pas. » Philippiens 3.

En tant que telles, ce sont des facultés; mais elles peuvent être sues, vues contemplées par la conscience, et de la sorte elles sont devenues des idées. Comme ce sont des idées qui font corps avec la conscience, il lui faut les voir, puisque sans elles, on sait des choses qu'on ne devrait pas savoir, ou des choses inutiles ou nuisibles à savoir, ou alors on ne sait carrément rien. Pour savoir, la conscience se sert de ces facultés ou idées intrinsèques. Quand une conscience individuelle voit ces idées, elle acquiert la faculté que ces idées représentent. Quand donc la conscience a rassemblé toutes ces idées supérieures, elle devient l'esprit et il ne lui arrive plus de savoir que ce qu'il lui suffit à savoir. Elle ne sait plus que la juste chose à savoir. Ces idées assurent donc la fonction de changer une conscience en esprit. Elles ne peuvent pas servir à gagner quelque chose de plus; on ne peut pas s'en servir pour faire un métier par exemple; elles ne servent qu'à apparaitre dans la conscience pour que celle-ci les voit et devienne esprit. Toutefois, on suppose que quelqu'un qui a de l'esprit devrait pouvoir s'en sortir dans la vie. Donc ce n'est qu'indirectement qu'elles servent à quelque chose; sinon, elles ne servent qu'à éclairer la conscience.

Ces idées supérieures sont les figures universelles de la conscience ou les moments selon lesquels une conscience conscientise effectivement quelque chose. Ce sont les idées qui appartiennent à la conscience et qu'elle renferme, même si ce n'était la conscience de personne, c'est-à-dire qu'elles sont des idées innées qui existent en soi dans la conscience, indépendamment de l'expérience ou du conditionnement. Elles constituent la conscience comme elle est en soi-même sans être infectée ou affectée par les pensées de quelqu'un. Mais quand quelqu'un se sert de sa conscience, il trouve ces moments dans sa conscience, comme s'ils lui étaient exclusifs, ou lui appartenaient. Lors de ces moments universels, une conscience parvient à être consciente de quelque chose qu'il fallait à tout prix savoir ou de nécessaire.

A priori, la conscience est Une, uniforme, homogène, fluide; mais dans son être-là, elle change, elle prend des formes objectives et défile une série de figure comme si la même conscience était plusieurs individus différents à tour de rôle, de telle sorte que cela suscite un questionnement sur l'unité de cette conscience, et on se demande quelle est l'identité précise de l'individu. Cette unité, ou cet *être-un* de la conscience n'existe qu'abstraitement ou dans le ciel. Dans la présence, ou dans l'être-là, ou encore effectivement, la conscience est multiplement changeante comme le disait déjà Héraclite pour qui *"On ne peut entrer deux fois dans le même fleuve » (Fragment 91)"*; et on ne peut pas faire deux fois la même chose. La conscience effective est toujours conscience de quelque chose de différent l'instant d'après. Elle est en devenir. On peut réduire le défilé de ces moments innombrables en saisons ou en figures capitales, de telle sorte qu'une seule figure puisse occuper la conscience pendant un bon moment, et pendant tout ce temps, elle en soit à exploiter la richesse de cette figure. A l'intérieur d'une seule figure, il y a une multitude de déterminabilités, et la conscience demeure changeante à l'intérieur de cette figure générale, qui l'a stabilisée pour un bon bout de temps. Les déterminabilités contenues dans la conscience, ou celles qu'elle s'est taillée à partir de l'expérience, sont des objets qu'elle incarne. Ce sont des moi, et chaque fois qu'elle investit une déterminabilité, elle devient un autre moi, en sorte qu'elle passe d'un moi à un autre.

Tantôt, elle est un individu, et l'instant d'après, elle est déjà devenue un autre individu. Chaque individu qu'elle devient, est quelque chose qu'elle vient de savoir, ou quelque chose qui s'est déterminé en elle, une idée qu'elle vient d'avoir; elle a conscientisé quelque chose et est devenue un concept.

« L'objet de la pensée ne se meut pas dans des représentations ou dans des figures, mais dans des concepts, c'est-à-dire dans un être-en-soi distinct d'elle. Mais un concept est en même temps un étant; et cette différence, en tant qu'elle est dans la conscience même, est son contenu déterminé;- mais ce contenu étant en même temps conceptuellement conçu, la conscience reste immédiatement conscient de son unité avec cet étant déterminé et distinct.» <u>La Phénoménologie de l'Esprit</u> Georg Wilhelm Friedrich Hegel.

« Cette figure est conscience pensante en général, ou son objet est unité immédiate de l'être-en-soi et de l'être-pour-soi; mais cette conscience est un tel élément seulement d'abord comme essence universelle en général » <u>La Phénoménologie de l'Esprit</u> Georg Wilhelm Friedrich Hegel.

Mais la multitude d'individus que la conscience devient en série, n'est pas infinie; c'est un set d'individus bien donnés qu'à chaque fois elle devient. Elle n'a affaire qu'aux idées supérieures ou aux essentialités, alors que l'infinie variété du divers du sensible est abandonnée à avoir soin de soi-même. Cette conscience active se préoccupe des figures essentielles, précisément celles qui lui permettent d'avoir conscience des choses, ou de savoir quelque chose qu'il lui fallait absolument savoir. Ces essentialités lui ont intrinsèques; autrement dit, elle ne s'occupe pas des objets extérieurs, mais c'est elle-même qui est son propre objet qu'elle partitionne en plusieurs individus.

Les idées supérieures qui préoccupent la conscience active sont des figures universelles dont elle prend la forme objective pour seulement devenir une conscience qui réalise la juste chose à savoir, ou qui puisse savoir exactement ce qu'il lui faut savoir, ni plus, ni moins. Chaque fois qu'un individu quelconque parvient à conscientiser quelque chose, ce sont ces mêmes individus dont sa conscience revêt la forme, et qu'elle s'approprie pour devenir conscience de quelque chose qu'il fallait à tout prix savoir pour échapper à quelque chose ou pour gagner quelque chose qui permet d'être sain et sauf. De cette façon, tous les individus qui parviennent à savoir ce qu'il leur faut savoir, deviennent comme le même individu, puisqu'à chaque fois, ils se servent des mêmes idées, revêtent les mêmes figures universelles, pour pouvoir le faire. Cela les fait se ressembler, parce qu'il leur faut devenir la même chose pour pouvoir accéder à la conscience de ce qu'il convient de savoir.

«…23 Et, se tournant vers les disciples, il leur dit en particulier: Heureux les yeux qui voient ce que vous voyez! 24 Car je vous dis que beaucoup de prophètes et de rois ont désiré voir ce que vous voyez, et ne l'ont pas vu, entendre ce que vous entendez, et ne l'ont pas entendu. » Luc 10.

Nous aussi, nous sommes des idées, incarnons des idées, peut-être plus modestes, mais des idées qui avant notre descente sur terre, étaient simplement des idées que les gens rencontrent quand ils pensent. Si par exemple, l'idée que nous incarnons est une idée qui prend part au procès de la connaissance, chaque fois que quelqu'un veut savoir quelque chose, il aurait eu besoin de passer par nous, mettre l'idée que nous incarnons à profit pour s'éclairer et conscientiser des choses. Notre rôle dans l'actualisation de soi de la conscience peut être modeste, ou même être inexistant. Notre existence universelle est ainsi d'avoir une contribution dans le procès au cours duquel toute conscience sait quelque chose de nécessaire. Il reste maintenant à chercher quels sont les individus qui ont incarné les figures universelles de la conscience. Si nous qui n'étions que des idées modestes avant notre naissance, et qui par la suite avions naquis et sommes devenus ce que nous sommes à présent, on s'imagine bien que les idées supérieures, elles aussi obtiennent une existence terrestre, ou doivent être des idées qui sont l'être de certains individus, des idées dont certains individus sont l'incarnation vivante. Autrement dit, si même les idées les plus modestes se font incarner et ont des individus pour les symboliser sur terre, à plus forte raison les idées supérieures.

« 5 Avant que je t'eusse formé dans le ventre de ta mère, je te connaissais, et avant que tu fusses sorti de son sein, je t'avais consacré, je t'avais établi prophète des nations. » Jérémie 1.

« 15 Mon corps n'était point caché devant toi, Lorsque j'ai été fait dans un lieu secret, Tissé dans les profondeurs de la terre. 16 Quand je n'étais qu'une masse informe, tes yeux me voyaient; Et sur ton livre étaient tous inscrits Les jours qui m'étaient destinés, Avant qu'aucun d'eux n'existât. » Psaume 139.

« 1 Je regardai, et voici, l'agneau se tenait sur la montagne de Sion, et avec lui cent quarante-quatre mille personnes, qui avaient son nom et le nom de son Père écrits sur leurs fronts » Apocalypse 14.
« 20 Cependant, ne vous réjouissez pas de ce que les esprits vous sont soumis; mais réjouissez-vous de ce que vos noms sont écrits dans les cieux. » Luc 10.

Puisqu'il nous a été donné de descendre sur terre pour nous représenter nous-mêmes et symboliser l'idée que nous incarnons, il est évident que même les idées supérieures ou les figures universelles de la conscience puissent descendre sur terre pour se représenter elles-mêmes et symboliser les idées qu'elles sont. Les idées supérieures étant le cheminement à emprunter par une conscience pour parvenir à savoir exactement ce qu'il lui faut à tout prix savoir pour être saine et sauve, ou pour être une conscience capable de conscientiser les choses, en descendant sur terre elles offrent l'occasion de voir dans les faits ou en live, les phases que la conscience encourt quand elle s'élance à savoir quelque chose qu'il lui fallait vraiment ou nécessairement savoir, c'est-à-dire pour être une conscience à part entière. Nous savons qu'il nous arrive de savoir des choses, mais on ne se demande pas souvent comment elle fait la conscience en elle-même pour savoir comme elle le fait. Puisqu'elle le fait en revêtant ses figures universelles, lorsque ces idées supérieures sont, comme nous, descendues sur terre pour représenter ce qu'elles sont, elles nous permettent de voir comme dans un film, comment elle fait la conscience, pour en savoir des choses. Ce serait l'occasion de voir comment s'accomplit le procès du savoir ou le processus d'actualisation de soi de la conscience, au lieu d'avoir à réfléchir pour deviner comment ça se passe.

L'actualisation par soi de la conscience est une idée originale de la conscience elle-même. C'est l'idée principale, l'idée-mère. La conscience ne pouvait avoir meilleure idée que de s'engendrer. Si elle ne jouit pas d'existence, rien ne peut plus compter puisqu'on n'en saurait rien du tout. L'idée d'actualisation de soi par soi-même est ainsi le cœur de la conscience, puisque c'est à travers ce processus qu'elle vient à la naissance et parvient à conscientiser des choses. C'est donc comme si la conscience avait d'abord un cœur mort, mais avec son actualisation de soi, ce cœur se ravive ou se ressuscite, et permet à la conscience de naitre de nouveau en jaillissant à partir d'elle-même. Si donc cette idée se fait incarner par quelqu'un, ce serait comme si on voyait la conscience en chair et en os, personnifiée, alors que jusque-là on ne faisait que la penser, ou la voir abstraitement. Ça allait être possible de la regarder, elle cet être abstrait, cette pure essence, la voir comme sur une photo ou dans un film, de face. Si cette idée devait s'incarner, il est sûr qu'elle choisirait de se faire incarner par un homme, parce que l'homme est la meilleure créature de la terre, ou l'être le plus achevé. Si elle devait choisir de quel peuple établir son élu, ça va sans dire qu'elle choisirait le peuple le plus croyant, ou celui qui a la meilleure connaissance de Dieu, puisque la conscience est la chose de Dieu, est Dieu lui-même, Dieu étant omniscient et plein de conscience de tout. Si elle apparaissait enfin, on aurait vu Dieu en personne qui est venu nous rendre visite, alors que jusque-là, on n'a fait que penser ce qu'il est. On s'était imaginé qu'il était tout, mais sur terre, il ne pouvait pas être tout à la fois. La conscience effective est seulement conscience d'une chose à la fois, à tour de rôle. L'existence terrestre ne pouvait offrir qu'un dieu confiné dans ses propres limites, et cela fit des déçus. On s'attendait à beaucoup mieux, à beaucoup plus, on pensait à tous les miracles de la puissance divine, et on n'obtenait que ça. C'est ça dont il faut pourtant se contenter; ce que nous voyons, c'est ça qui est à nous; ce que nous n'avons pas vu, en cela nous sommes partis bredouilles et cela n'est pas à notre avantage. C'est donc ça tout ce que nous aurons, rien de plus, rien de moins. C'était le Tout. Il ne faut s'attendre à rien de plus. Autrement dit, c'est à prendre ou à laisser et les choix sont faits. Si Dieu s'était présenté à nous comme tout à la fois, quel genre d'yeux l'auraient vu?

« 49 Le ciel est mon trône, Et la terre mon marchepied. Quelle maison me bâtirez-vous, dit le Seigneur, Ou quel sera le lieu de mon repos? 50 N'est-ce pas ma main qui a fait toutes ces choses? » Actes 7.
« 27 Mais quoi! Dieu habiterait-il véritablement sur la terre? Voici, les cieux et les cieux des cieux ne peuvent te contenir: combien moins cette maison que je t'ai bâtie! » 1 Rois 8.

«...8 Philippe lui dit: Seigneur, montre-nous le Père, et cela nous suffit. 9 Jésus lui dit: Il y a si longtemps que je suis avec vous, et tu ne m'as pas

connu, Philippe! Celui qui m'a vu a vu le Père; comment dis-tu: Montre-nous le Père? 10 Ne crois-tu pas que je suis dans le Père, et que le Père est en moi? Les paroles que je vous dis, je ne les dis pas de moi-même; et le Père qui demeure en moi, c'est lui qui fait les oeuvres. » Jean 14.

Donc dans la vie de jésus, on voit exactement et dans le moindre détail les phases empruntées, ou les figures revêtues par la conscience pour avoir conscience non pas de n'importe quoi, mais d'une chose nécessaire, ou de ce qu'il faut à tout prix savoir, la conscience divine ou la conscience universelle. Jésus est l'incarnation, la personnification de l'idée centrale ou l'idée d'engendrement de soi par soi-même. C'était une idée connue de Dieu seulement, car lui aussi se fut engendré de la même manière. Comme c'était l'idée la plus haute, elle était cachée des hommes, ils ne surent pas se hisser à elle et s'engendrer par eux-mêmes. Ils se contentaient d'être engendrés et créés par Dieu. Pour Jésus, cela ne suffit pas, il faut surtout s'engendrer par soi-même, faute de quoi on ne s'est pas réalisé ou pas accompli. Autrement dit, après que Dieu nous créa, il nous faut refaire le chemin et dénicher comment Dieu nous a créés ou engendrés, et chemin faisant, nous débouchons sur lui, nous nous retrouvons pile en face de lui, car c'est là où il se trouve, au tout début, à l'origine de toute chose. Donc retrouver l'idée d'actualisation de soi par soi-même nous permet de venir jusqu'à Dieu. En ce moment, nous nous rendons compte que nous nous fumes pas contentés d'avoir été créés par lui, et qu'en le faisant par nous-mêmes à notre tour, par cette deuxième naissance et en ayant fait la même chose que Dieu, nous nous serions confondus à lui à ne plus distinguer si nous sommes nous-mêmes, ou si nous sommes lui. Comme ça, nous sommes arrivés à lui, nous sommes retournés à lui en ayant refait le chemin d'actualisation de soi par soi-même.

« 30 Moi et le Père nous sommes un. 31 Alors les Juifs prirent de nouveau des pierres pour le lapider. » Jean 10.

« 6 J'avais dit: Vous êtes des dieux, Vous êtes tous des fils du Très-Haut. 7 Cependant vous mourrez comme des hommes, Vous tomberez comme un prince quelconque. » Psaume 82.

« 15 Je ne vous appelle plus serviteurs, parce que le serviteur ne sait pas ce que fait son maître; mais je vous ai appelés amis, parce que je vous ai fait connaître tout ce que j'ai appris de mon Père. » Jean 15.

L'idée d'engendrement de soi par soi-même ou d'actualisation de soi se trouve dans la conscience de chacun. En cherchant dans sa tête, on la trouve, et c'est cette idée qui transforme un homme en Dieu tout-puissant. C'est-à-dire qu'elle permet de venir à lui. Ce n'est donc pas un luxe ou un caprice, puisque le but du croyant est justement de venir à Dieu. Ce n'est pas une folie des grandeurs, c'est ce qui est attendu de tous. On croit que cela est impossible parce qu'on s'imagine que devenir Dieu consisterait à faire de grands miracles, à cracher du feu, à devenir un magicien. En fait, on reste comme est, on a seulement su comment on fait pour s'engendrer soi-même, accédé à une idée que seul Dieu possédait auparavant. Autrement dit, ce n'est pas diable, c'est tout simple, il faut seulement le faire. Ou, c'est le devoir du croyant de se donner la peine de trouver cette idée en lui-même.

« La conscience que l'Esprit doit se donner une forme concrète dans le monde, la matière de cette incarnation, le sol sur laquelle elle prend racine n'est autre que la conscience générale, la conscience d'un peuple. Cette conscience contient, oriente tous les buts et les intérêts du peuple : c'est elle qui constitue ses mœurs, son droit, sa religion, etc. Elle forme la substance de l'esprit d'un peuple ; et même si les individus n'en sont pas conscients, elle demeure comme leur présupposition. Elle opère comme une nécessité : l'individu est formé dans cette ambiance et ignore tout le reste. Cependant il ne s'agit pas d'un simple effet de l'éducation. La conscience d'un peuple n'est pas transmise à l'individu comme une leçon toute faite, mais se forme par lui : l'individu existe dans cette substance.
Cette substance générale n'est pas le cours du monde ; au contraire, celui-ci se dresse impuissant contre elle. » <u>La Raison dans l'Histoire</u> éd. 10/18, pp. 80-81. Georg Wilhelm Friedrich Hegel.

« Cette considération nous conduit [...] à la recherche d'une fin en soi et pour soi ultime. C'est la catégorie de la Raison elle-même, elle existe dans la conscience comme foi en la toute-puissance de la Raison sur le monde.

La preuve sera fournie par l'étude de l'histoire elle-même. Car celle-ci n'est que l'image et l'acte de la Raison.» <u>La Raison dans l'Histoire</u> *éd. 10/18, pp. 54-56 Georg Wilhelm Friedrich Hegel.*

Après que Dieu nous eut créés, il nous faut ensuite naitre de nouveau. Avec l'idée d'actualisation de soi par soi-même en main, on peut légitimement se faire l'égal de Dieu, on aurait su tout ce que sait Dieu d'essentiel ou d'important, et on n'a besoin de savoir rien de plus. Le but était le savoir absolu; après ça, on n'a plus à s'inquiéter de rien ou à chercher autre chose. Le savoir absolu appartenait à Dieu; quand un homme accède à ce savoir, il est entré dans son domaine, dans la sphère spirituelle ou la Jérusalem céleste. Le gage du savoir sur Dieu est le fait que ce savoir meut l'individu de l'intérieur en sorte qu'il expérimente Dieu. Donc à travers ce savoir, on ne fait que naviguer au sein de Dieu, pénétrer son corps et se malaxer à lui pour faire Un avec lui. Le savoir absolu est ainsi le fait de connaitre Dieu, d'avoir son savoir en partage, non pas comme on prend un cours magistral, mais le fait de s'enfoncer dans son corps réel, de se noyer dans lui en sorte qu'on ne puisse plus reconnaitre la personne parce que son corps s'est mélangé avec celui de Dieu. On ne sait plus si on a affaire à la personne ou à Dieu en personne, ou à eux deux à la fois. La vue d'un tel individu anéantit l'entendement de telle sorte qu'on ne sache plus à quoi se résoudre, alors qu'il est attendu de l'individu qu'il croit seulement, au lieu de perdre son temps à s'embarrasser. Le temps presse et l'immédiateté n'attend pas les retardataires. Il s'agit de ne pas laisser son train partir, de ne pas rester planté ou de s'affoler; ce n'est pas permis de s'étonner de la grandeur de Dieu. Il fallait s'y attendre! Il faut simplement s'exécuter devant lui, sinon on ne l'aura pas connu et on serait passé à côté de la plaque, on aurait tout raté.

« 6 Ainsi donc, comme vous avez reçu le Seigneur Jésus-Christ, marchez en lui, 7 tant enracinés et fondés en lui, et affermis par la foi, d'après les instructions qui vous ont été données, et abondez en actions de grâces.» Colossiens 2.

« L'individualité simple quand elle est cette individualité, est en même temps immédiatement universelle; elle est plutôt la substance pénétrée et

imprégnée par l'individualité; elle est le sujet dans lequel l'individualité est aussi bien comme elle-même ou comme cette individualité que comme tous les individus, et est l'universel qui est un être seulement comme cette opération de tous et de chacun; elle est aussi une réalité effective du fait que cette conscience la sait comme sa réalité effective singulière et comme réalité effective de tous.» <u>La Phénoménologie de l'Esprit</u>. *Georg Wilhelm Friedrich Hegel.*

Il y a un moment unique quand l'individu pourrait adopter l'attitude qui fait définitivement de lui l'être accompli qu'il n'a jamais rêvé d'être; en cet instant magique, il acquiert la totalité de sa conscience ou le maximum de son être, et il n'aurait plus à se casser la tête pour devenir quoique ce soit en plus. L'immédiateté est l'opportunité unique d'attraper cette attitude et devenir complètement soi-même. Quand elle échappe à quelqu'un, il reste devant lui tout le chantier de se bâtir soi-même, et chez lui le travail reste entier.

Puisque la vie de jésus est entièrement dédiée au savoir absolu, tout ce qu'il fait est le fait de reproduire en acte ce que Dieu sait. Il ne sait rien faire d'autre. En pensant, toutes les idées qui lui viennent sont des idées contenues dans le savoir de Dieu; il en prend une et la traduit en acte; cela permet de savoir ce que Dieu aurait fait dans les mêmes circonstances. Autrement dit, c'est comme s'il était donné de voir comment Dieu agit; or Jésus ne fait rien d'autre, ne sait pas agir autrement. Donc à moins de ne pas vouloir ressembler à Dieu, il faut le prendre pour le modèle absolu. Le fait d'avoir le savoir abstrait de Dieu ou le cours magistral du savoir absolu dans les Ecritures n'a pas suffi pour aider les hommes à se parfaire jusqu'à ressembler à Dieu. C'est comme s'ils avaient besoin d'un dessin, ils voulaient le film de la manière de faire de Dieu, pour pouvoir l'imiter et tendre à lui ressembler. Autrement, il y a toujours l'excuse de l'ignorance ou de la défaillance. La vie de Jésus étant le film de la vie de Dieu ou comment Dieu aurait agi dans les mêmes circonstances s'il était sur terre, il n'y a donc plus d'excuse pour ne pas être parfait ou à aspirer à l'être. Certains individus préfèrent rester comme ils sont, plutôt que de ressembler à Dieu. Même si on est l'homme le plus parfait, il est sot de ne pas vouloir ressembler à Dieu. Autrement dit, Dieu est plus parfait que l'homme le plus parfait, sinon c'est cet homme qui serait Dieu. Donc si Dieu est compris comme l'être le plus parfait, en voulant lui ressembler, on ne perd rien même si on était déjà parfait; si on était parfait, on ne devient pas moins parfait en voulant lui ressembler. Le fait de s'obstiner à rester qui on est, sous prétexte qu'on est satisfait de ce qu'on est, ce par quoi on ne se préoccupe à ressembler à Dieu, est un comportement d'après lequel l'individu a l'impression qu'on veut lui voler sa vie ou qu'on veut lui prendre quelque chose. Il se comporte alors vis-à-vis de Dieu comme si Dieu lui voulait quelque chose ou l'enviait sur quelque point, comme s'il était jaloux de lui; qu'est-ce que c'est sot ! La présence de Dieu dans le cœur de l'individu, ou le fait de l'aimer, consiste à l'admirer en le voyant comme de loin plus parfait que l'être parfait qu'on se croyait être, celui dont on se satisfaisait. Si on n'a pas d'idéal ou si on ne conçoit pas qu'il puisse exister un autre être qui soit supérieur et transcendant, on est cuit. Il est totalement faux de penser qu'il n'y a pas un autre être au-dessus de soi. Dans toutes les disciplines, on pourrait se faire battre. Il faut donc se barrer de penser qu'il ne puisse pas exister d'autre être au-dessus de soi. Il faut s'organiser pour ne pas le penser, il faut activement ne pas le penser, parce que si on reste sans rien faire, on a tendance à le penser insidieusement. Si on ne se donne pas les moyens de se convaincre qu'il existe un être au-dessus de soi, la tendance naturelle est de penser inconsciemment qu'on est le nombril du monde. Si on ne se surveille pas, si on n'y met pas du sien, on devient victime de cette pensée; or de la sorte, on est privé d'idéal et on n'est pas guidé par sa propre conscience, puisque l'idéal est le rapport à soi-même de la conscience ou la réflexion en soi-même.

Si maintenant on s'est convaincu qu'on n'est pas l'être le plus parfait, il faut ensuite se demander qui l'est. A priori c'est Dieu; mais qui est Dieu ? Il faut se poser cette question, car sinon l'individu reste sourd à ses propres discours en se disant que l'être transcendant qui est au-dessus de lui n'est pas encore né, parce que tout le monde lui apparait tout petit à côté de celui qu'il conçoit comme l'être qui le transcende. Certes beaucoup de gens le supplantent dans presque toutes les disciplines, mais ces champions lui apparaissent niais et obsolètes à côté de l'être qu'il vient de concevoir comme l'être transcendant. Il ne voit pas sur terre l'être qui soit au-dessus de lui; pour lui, il n'est pas encore né. Il croira que celui qui le transcende existe peut-etre, mais n'est pas encore né. C'est pour éviter ce genre de pensée qu'il est nécessaire de savoir qui est Dieu; ça n'a rien de frontal ou d'arrogant; si on ne sait pas qui il est, on reste convaincu qu'il existe mais qu'il n'est pas encore né, et on se comporte comme si on avait oublié que seul Dieu est Dieu, comme si on était soi-même un dieu, ou Dieu lui-même en personne; et on manque d'humilité et de tempérance. Ce n'est pas ça la bonne disposition d'esprit.

L'individu avait pourtant appris et su que seul Dieu est Dieu ou que Dieu est l'être le plus parfait, au-dessus de tous; mais dans ses comportements, on ne dirait pas qu'il sait ce qu'il sait; ses actes ne concordent pas avec son savoir. Il agit comme s'il avait oublié que seul Dieu est Dieu ou peut-être qu'il s'en fiche, puisqu'il s'autorise des choses qui ne tiennent pas de Dieu. Le savoir de ce qu'est Dieu, ou le fait de savoir que seul Dieu est Dieu, devrait se refléter dans les actes. Si ce n'est pas le cas, c'est comme si on était dans l'oubli de ce savoir, et on se comporte comme si c'était le contraire qui était et valait, ou comme si ce n'était pas Dieu seulement qui est Dieu. Par-là, on se trouve dans l'arbitraire, et cela ne ressemble pas à Dieu. A travers l'arbitraire, on se comporte comme si on avait soudainement oublié que seul Dieu est Dieu, alors même qu'on le savait bien tantôt, comme si ça n'avait servi à rien de le savoir. On fait donc comme si on ne savait rien de ce qu'on sait. Le cours magistral est ainsi, il n'est pas agissant en l'individu. Ce n'est donc pas comme cela qu'il faut connaitre Dieu. Connaitre devrait avoir la même signification qu'être, être ce qu'on sait; sinon on n'applique pas ce qu'on sait. Autrement dit, le savoir abstrait de ce qu'est Dieu se prouve n'avoir aucun contenu substantiel, ce serait des concepts vides. On peut bien savoir que seul Dieu est Dieu, mais ça ne suffit pas pour l'accomplissement, ça ne suffit pas pour induire la personne à agir conformément à ce savoir; on pourrait aussi agir comme si on n'en savait rien et penser même s'en tirer à bon compte. Certes il faut commencer par savoir que seul Dieu est Dieu, mais si on en reste là, ça n'équivaut rien. Il faut en plus se comporter de telle sorte que les actes reflètent ce savoir, c'est en ce moment seulement qu'on peut convaincre. Il faut que de façon désintéressée, l'on en soit à agir comme si on avait constamment le savoir de ce que seul Dieu est Dieu, à l'esprit. Il faut que cela soit devenu naturel en l'individu de se comporter en laissant penser qu'il n'a que ce savoir à l'esprit comme une idée fixe, c'est en ce moment qu'il s'est accompli.

« 3 Si nous gardons ses commandements, par là nous savons que nous l'avons connu. 4 Celui qui dit: Je l'ai connu, et qui ne garde pas ses commandements, est un menteur, et la vérité n'est point en lui.... » 1 Jean 2.

Le savoir théorique consiste à savoir quelque chose sans plus, et faire quand même comme si on ne savait pas cette chose. On a ce savoir, mais on ne se le tient pas pour dit, ou on n'agit pas en conséquence. C'est exactement la même chose que si on n'en savait rien du tout. Ce savoir abstrait s'arrête à l'ineffectivité. Donc, si en plus de reconnaitre que Dieu existe on ne sait pas qui il est, si on ne dépasse pas ce savoir théorique pour le transformer en savoir pratique, on se laisse infester par la pensée inconsciente de se prendre à tort soi-même pour Dieu. On finit par agir de la sorte parce que l'idée de Dieu est une nécessité: il faut que quelqu'un soit Dieu, ou il faut que Dieu soit! Si donc l'individu dans un instant de diversion oublie que c'est Dieu seul qui est Dieu, il s'insinue en lui la pensée que c'est lui qui l'est, et il le prouvera en agissant comme s'il ne tenait pas en compte le fait que c'est Dieu seul qui est Dieu. A moins d'avoir complètement chassé cette pensée nocive ou de l'avoir prévenue, il ne reste pas de place pour que le concept se remplisse de son contenu propre. Ce contenu raconte à l'individu qui est Dieu, et l'individu en apprend un peu plus sur Dieu. Il apprend que Dieu est une multiplicité de choses, alors qu'en tant qu'un être identique, il est l'idéal dans une conscience, ou le moment selon lequel une conscience se trouve en admiration de lui. Mais en pénétrant cet idéal qui est un être réel, Dieu apparait sous de multiples facettes. C'est à cette condition qu'on assoit sa conviction de ce que Seul Dieu est Dieu ou qu'on remplit ce concept de son contenu propre. En tant que cette conviction n'est pas bien établie et bien assise dans sa tête par l'effort de l'individu lui-même, il y a une tendance naturelle à se prendre soi-même pour Dieu inconsciemment, c'est-à-dire une tendance à agir comme si on avait oublié que c'est Dieu seul qui est Dieu. On a tendance à agir comme si Dieu n'était pas le modèle dont on s'inspirerait et on choisit de lui préférer d'autres canons pour déterminer les décisions. La pensée de ce qu'on est soi-même Dieu, investit l'intérieur de l'individu à son insu et l'amène à agir en n'ayant pas Dieu pour référence, comme s'il n'était plus en admiration de lui, comme s'il avait oublié ce qu'il savait de lui, comme s'il avait oublié que c'est Dieu seul qui devrait être Dieu ou devrait être la référence absolue. De cette façon, il ne se trouve pas dans l'idéal, car celui-ci consiste essentiellement à être en admiration de Dieu. Quand on a un autre idéal que Dieu, on s'est trompé d'idéal.

Puisque l'individu n'est pas à l'abri de la pensée toxique qui l'amène à croire inconsciemment que c'est lui qui est Dieu, et qu'il a tendance à oublier ce qu'il savait de Dieu, c'est donc à lui à lutter pour se prémunir contre ce genre de pensée. Cela revient à travailler à assoir solidement dans sa tête que seul Dieu est Dieu, ou à remplir le concept de Dieu de son contenu, donc à aller à la connaissance de Dieu. Il s'agit par-là de savoir qui est Dieu, ce qu'il fait, comment il le fait et à quelles fins, pour se mettre à faire de même ou à agir dans ce sens. Si l'individu remplit sa tête de ces choses, il ne laisse plus de place pour la pensée qui se prend inconsciemment pour Dieu. Cette pensée n'est pas l'idéal, c'est le mode favori de l'arbitraire. En l'absence du savoir essentiel maintenu vivace, l'individu agit comme ne l'aurait pas fait Dieu, ce qui inéluctablement ne peut le mener qu'à la catastrophe. *« La loi en tant que loi déterminée a un contenu contingent, - ce qui veut dire ici qu'elle est la loi d'une conscience singulière, ayant conscience d'un contenu arbitraire. Ce légiférer immédiat est donc l'audace tyrannique qui érige le contenu arbitraire en loi, et qui réduit le règne éthique à une obéissance à cet arbitraire, - c'est à dire à des lois qui sont seulement des lois, et ne sont pas en même temps des commandements »* <u>*La Phénoménologie de l'Esprit*</u> *Georg Wilhelm Friedrich Hegel.*

C'est par le biais de l'admiration de Dieu ou le fait de l'avoir pour modèle, qu'on obtient le rapport adéquat de la conscience et que l'on est devenu parfait; par-là, on possède un idéal valable. C'est la disposition selon laquelle l'individu ne se prend pas pour Dieu, en reconnaissant que seul Dieu est Dieu. Dans cette contemplation, on a les yeux rivés et fixés sur lui, et il est la référence numéro un quand il faut se résoudre à quelque chose.

Elle occasionne la présence effective de Dieu dans la conscience; et comme on est ainsi auprès de lui, il chuchote à l'individu ce qu'il lui faut faire à l'instant-même. Toutefois, on ne sait admirer Dieu que dans ses œuvres ou dans ses actes. Ceux-ci donnent une substance au savoir abstrait qu'on avait de lui. Sans ça, on ne sait pas l'apprécier effectivement et tout en reste à la bouche. Pour pouvoir l'admirer et le prendre pour référence et modèle, il faut le voir agir, et ce sont ses actes qui seront les modèles et les références. Ce serait eux qui devraient nous avoir émus, ou que nous aurions trouvés impressionnants. Pour admirer Dieu ou être dans la contemplation et l'émerveillement, il aurait fallu que nous l'ayons vu dans ses œuvres. Il était donc nécessaire qu'il soit venu agir devant nous, sous nos yeux, pour que nous puissions ensuite prendre ses actes pour référence. Pour lui ressembler, il ne nous suffirait plus qu'à faire de même. On se remplit de bonnes références, en étant dans l'admiration d'actes les plus louables. C'est avec ces références qu'on concrétise l'amour ou l'admiration de Dieu. Si par contre on laisse son cœur être fasciné par autre chose, on encourt le risque de n'être pas bien inspiré dans les prises de décisions et dans les actes. Après le film de la manière de faire Dieu, c'est-à-dire la vie de Jésus, c'est seulement par mauvaise foi si on ne parvient pas à ressembler à Dieu.

« …47 Si quelqu'un entend mes paroles et ne les garde point, ce n'est pas moi qui le juge; car je suis venu non pour juger le monde, mais pour sauver le monde. 48 Celui qui me rejette et qui ne reçoit pas mes paroles a son juge; la parole que j'ai annoncée, c'est elle qui le jugera au dernier jour. 49 Car je n'ai point parlé de moi-même; mais le Père, qui m'a envoyé, m'a prescrit lui-même ce que je dois dire et annoncer…. » Jean 12.
« …47 Le serviteur qui, ayant connu la volonté de son maître, n'a rien préparé et n'a pas agi selon sa volonté, sera battu d'un grand nombre de coups. 48 Mais celui qui, ne l'ayant pas connue, a fait des choses dignes de châtiment, sera battu de peu de coups. On demandera beaucoup à qui l'on a beaucoup donné, et on exigera davantage de celui à qui l'on a beaucoup confié. » Luc 12.

La foi : Abraham, l'ami de Dieu

Quand on parle de la foi, on pensera immédiatement à Abraham. Dans l'histoire connue, il est l'inventeur ou fondateur de la foi. Quand je pense la foi ou quand j'ai de la foi, je me réfère à Abraham parce que c'est en lui que cette réalité s'est concentrée et s'est faite le plus visible, bien avant les autres hommes de foi mentionnés dans l'histoire. On n'a pas tort de le considérer pour la personnification de la foi. Quand j'ai de la foi, c'est comme si je dialogue avec lui. La matière de cette conversation consiste en ce que, si je veux avoir de la foi et qu'Abraham n'est pas d'accord, il me devient impossible d'en avoir. Si je contourne Abraham pour chercher de la foi directement auprès de Dieu, il me revoie à chaque fois à Abraham. Mais si je négocie avec ce dernier, ça marche. Je me dois de me référer à lui si je cherche un modèle de foi. Ce n'est pas seulement que Abraham est le grand homme de foi ou qu'il a la foi, mais il est la foi, la foi est son être. Abraham était la foi devenue un homme en chair et en os. Et à moins d'être d'accord avec lui, c'est-à-dire à moins que cela ne soit agrée de lui, aucun homme ne pourrait avoir de la foi. C'est lui qui est chargé de distribuer la foi aux gens. Quand quelqu'un a de la foi, c'est à lui qu'il s'est référé. La foi est sa chasse gardée, il est le gardien universel de la foi.

Celui qui trouve un concept en premier se voit confier ce concept par Dieu. Ce concept devient sa chose. Comme les concepts se pensent et que chacun peut penser, quand quelqu'un pense, il a à invoquer les saints pour qu'ils lui ouvrent la porte de leurs concepts et que celui qui pense puisse comprendre ces concepts. Sans leur accord, la personne a beau réfléchir, il ne parvient pas à percer ce concept et à le pénétrer. Les saints se se sont appropriés les concepts généraux ou les moments singuliers et capitaux de la conscience, en sorte que si quelqu'un veut arriver à la même dimension et hauteur d'esprit, il est obligé de négocier, respecter, faire la courbette aux saints. Or dans son actualisation de soi, la conscience de chacun doit faire le tour de tous les concepts généraux; ce sont des moments nécessaires ou incontournables pour qu'une conscience individuelle devienne réelle et effective; ce sont des moments qui forment et constituent le corps de la conscience depuis qu'elle était en soi, ou depuis qu'elle n'était la conscience de personne, sa nature intrinsèque, son ipséité.

Dans son contenu, la foi est la relation subjective à soi-même ou la réflexion en soi-même, avec la signification d'être constamment en dialogue avec Dieu et d'être de la sorte permanemment en compagnie de Dieu, parce que c'est par le biais de la pensée ou de la réflexion en soi-même qu'on communique avec Dieu. Dans la course au substantiel, la foi est déjà prise. Quand quelqu'un cherche à avoir un concept qui sera sa chose exclusive, il lui faudra chercher autre chose que les concepts qui sont déjà pris. Il se crée alors la peur si tous les concepts essentiels ne sont pas déjà ramassés et accaparés. Si tel est le cas, ce serait comme si la personne n'avait plus aucune chance de devenir quelque chose de réel, aucune chance d'obtenir une part en l'universel, aucune chance d'en être membre. Mais en fait chaque individu incarne déjà un concept, mais ce concept n'étant qu'en soi à la base, est tout d'abord inexistant. Avant que l'individu ne se soit lancé à sa quête, il est un en soi mort. Il appartient à l'individu de lui conférer vie, après quoi il met au jour un concept qui n'a jamais existé avant lui. Il ne peut exister réellement qu'à postériori. Toutefois, pour amener un concept à la lumière du jour, cela passe par parcourir les concepts déjà existants, ceux des autres.

« 40 Le disciple n'est pas plus que le maître; mais tout disciple accompli sera comme son maître. » Luc 6.
« 1 Que votre cœur ne se trouble point. Croyez en Dieu, et croyez en moi. 2 Il y a plusieurs demeures dans la maison de mon Père. Si cela n'était pas, je vous l'aurais dit. Je vais vous préparer une place. » Jean 14.
« 4 Fais de l'Eternel tes délices, Et il te donnera ce que ton cœur désire. » Psaume 37.

Moïse ou la loi morale

Quand on parle de la loi, on pensera de suite à Moïse. Il est la loi morale incarnée ou personnifiée; elle est tout son être et tout son être est cette loi. Ce n'est pas seulement que Moïse a apporté la loi, mais il est le Juge universel présent dans chaque conscience, l'autorité qui observe d'un air sévère l'individu alors qu'il agit. Elle dit qu'il ne faut surtout pas qu'il se trompe dans ce qu'il fait, il faut que tout soit nickel, sinon sa conscience menace de n'être pas heureuse, voire même d'être malheureuse avec ou sans son avis.

« 35 Ce Moïse, qu'ils avaient renié, en disant: Qui t'a établi chef et juge? c'est lui que Dieu envoya comme chef et comme libérateur avec l'aide de l'ange qui lui était apparu dans le buisson. » Actes 7.

« Mais celui qui maltraitait son prochain le repoussa, en disant: Qui t'a établi chef et juge sur nous? » Actes 7:27.

« *Dans sa nouvelle figure, la conscience de soi se sait elle-même comme le Nécessaire; elle sait avoir en soi-même immédiatement l'Universel ou la Loi; et la Loi, en vertu de cette détermination selon laquelle elle est immédiatement dans l'être-pour-soi de la conscience, est dite la loi du coeur.* » La Phénoménologie de l'Esprit *Georg Wilhelm Friedrich Hegel.*

« 45 Ne pensez pas que moi je vous accuserai devant le Père; celui qui vous accuse, c'est Moïse, en qui vous avez mis votre espérance. » Jean 5.

La loi est la morale universelle qui offre le critérium pour déterminer si oui ou non on est conforme à Dieu. C'est un standard trop élevé pour chacun de nous. Donc, avec ce concept, on n'a pas trouvé l'outil qui permettra de plaire ou convenir à Dieu. Techniquement, il n'est pas applicable à la perfection à laquelle il aspire. Mais c'est une morale tellement innée qu'on croirait à une morale naturelle. Tout le monde aurait de lui-même deviné que ce n'est pas bien de tuer. A moins de mauvaise foi ou de faiblesse, il est immédiatement accessible à toute conscience de discerner le bien du mal. C'est juste une question d'option. Ceux qui font le mal n'ignorent pas que c'est mal, mais ils le font quand-même parce que tel est leur choix, il leur a plu de le faire. Les circonstances aussi ont quelque chose à y voir, ont leur mot à dire. Autrement dit, la loi morale est sensée être inscrite dans la nature de l'homme, mais dans le cas de la mauvaise foi et de la faiblesse, elle est complètement absente ou c'est tout comme si elle était absente, comme si ça n'avait servi à rien de l'avoir en dedans de soi. Or si elle est absente ou quand c'est tout comme, l'instinct de bien disparait, et l'individu a tendance à faire mal par plaisir sans se le reprocher, non parce qu'il ignore que c'est mal. On peut indifféremment dire que la loi morale lui échappe parce qu'il s'est mis à aimer ce qui est mal, ou bien que c'est parce que la loi lui a échappé qu'il s'est mis à avoir un penchant pour le mal. Dans les deux cas, il n'a pas d'excuse devant la loi. La loi est sévère. La loi est inscrite dans la nature de l'homme non pas comme l'aptitude à être parfait et faire tout comme il faut, mais comme l'aptitude innée et communément partagée à discerner le bien du mal. C'est un critérium, rien de plus rien de moins. Ce n'est pas un moyen ou un outil. Quant à savoir si on passe ensuite à opter pour le bien, c'est une autre histoire. Si la loi était inscrite en nous comme une perfection naturelle, on n'aurait pas surpris des gens à faire du mal; tout le monde aurait été naturellement déterminé à avoir un parcours sans faute. D'autre part l'idéal de faire un parcours sans faute vient lui-même sur le tard en général, et on a entre-temps déjà eu un passé assez chargé quand on s'avise qu'il aurait été mieux si on était sans tache. On peut tout au plus faire la résolution de terminer sans vie en s'abstinant de commettre de nouvelles erreurs, mais même cet idéal est inatteignable, puisqu'on ne sait même pas quelles seront les épreuves du futur, pour pouvoir parer aux éventualités de bon matin. C'est donc sur un coup de chance énorme, si on parvient à bien finir dans la vie. Sauf à avoir beaucoup de chance, ce n'est pas gagné d'avance. Toutefois, on est certain que ce ne soit pas impossible que ce grand coup de chance puisse exister. On y croit et on n'a pas de doute là-dessus. Cela n'est pas qu'un idéal, mais cette chance ou possibilité existe réellement. On peut bien finir sa vie par pure chance, une chance plus vraie que nature. Autrement dit, il n'est pas nécessaire de savoir comment, pour être assuré de bien finir sa vie. On le sait c'est tout ! De cette façon, on compte sur Dieu pour qu'il fasse le reste, on a déjà compris que le sort de l'individu n'est pas entre ses mains. C'est ainsi qu'on s'arrête sur cet idéal qui, lui, est bien rassurant et bien réel; ou n'est pas qu'un idéal. On élit domicile en lui dans l'assurance qu'on finira bien sa vie sans avoir à savoir comment. Si la conscience n'est pas installée dans cette assurance, elle ne se trouve pas dans le bon idéal, et c'est cela qui est mal, parce que ça n'arrêtera jamais de la ronger et lui donner envie de faire le mal à son tour.

La vue de la loi, ou la menace de la sanction ne lui enlève pas l'envie de commettre le mal quand elle a été rongée par le mal de l'intérieur, ça va du tic au tac. Même la vue du bien ou le brandissement de ses retombées futures, n'est pas toujours efficace pour lui faire changer d'avis. Tant qu'il n'a pas installé sa conscience dans le bon idéal ou l'assurance de bien finir avec l'aide de Dieu, c'est-à-dire sans qu'il ait à se faire pour cela, cela rongera toujours l'individu et provoquera le mal qu'il aura envie de commettre à son tour. Il faudrait que son âme ait expiré, qu'il ne se sente plus des forces pour s'en sortir soi-même et qu'il parvienne à se convaincre qu'il ne s'en sortira jamais malgré tout, sauf si Dieu lui donne un coup de main, pour parvenir à se dégager de l'emprise de la loi et trouver la paix en lui-même. Si on devait se référer à la loi ou à sa prestation, on ne peut pas avoir le sentiment d'avoir bien fini sa vie, tout comme si on finit effectivement bien sa vie, le mérite est à Dieu seulement. Si on ne se dégage pas de la référence à la loi, son critérium condamne l'individu et le tenaille en l'empêchant de se sentir rassuré parce que l'individu pense alors que tout dépend de lui et de ce qu'il aura fait. En effet au regard de la loi, ou si on devait se référer à elle, personne ne s'en serait sorti, vu qu'elle exige la perfection absolue que seul Dieu a. Seulement il est difficile de se dégager de la référence à la loi, une fois qu'on l'a connue. Dès qu'elle est connue et qu'on sait ce qui est interdit, cela n'empêche pas l'individu à l'enfreindre, au contraire; mais, ça l'empêche d'avoir la paix en lui-même après l'avoir enfreinte. Or il est nécessaire à l'individu de se sentir rassuré ou sans condamnation, sinon il est rongé de l'intérieur par un mal inconnu même en ne se reprochant rien du tout. Quand il commet le mal, c'est un mal qui était préparé d'avance par son ressentiment d'avoir antérieurement commis une autre faute, qui vient le tirailler, et ça devient un cycle infernal. Dès lors, il n'arrête plus de commettre le mal, et de créer de la colère en lui-même. Cette colère lui inspire un autre mal qui provoque et accumule encore de la colère, ainsi de suite. Il ne sait plus comment arrêter, comment changer, comment se mettre sur autre voie, devenu acquis à la cause du mal. Il devient convaincu que le mal est sa nature et qu'il n'y peut rien.

« 7 Que dirons-nous donc? La loi est-elle péché? Loin de là! Mais je n'ai connu le péché que par la loi. Car je n'aurais pas connu la convoitise, si la loi n'eût dit: Tu ne convoiteras point. 8 Et le péché, saisissant l'occasion, produisit en moi par le commandement toutes sortes de convoitises; car sans loi le péché est mort. 9 Pour moi, étant autrefois sans loi, je vivais; mais quand le commandement vint, le péché reprit vie, et moi je mourus. 10 Ainsi, le commandement qui conduit à la vie se trouva pour moi

conduire à la mort. 11 Car le péché saisissant l'occasion, me séduisit par le commandement, et par lui me fit mourir. 12 La loi donc est sainte, et le commandement est saint, juste et bon. 13 Ce qui est bon a-t-il donc été pour moi une cause de mort? Loin de là! Mais c'est le péché, afin qu'il se manifestât comme péché en me donnant la mort par ce qui est bon, et que, par le commandement, il devînt condamnable au plus haut point. 14 Nous savons, en effet, que la loi est spirituelle; mais moi, je suis charnel, vendu au péché. 15 Car je ne sais pas ce que je fais: je ne fais point ce que je veux, et je fais ce que je hais. 16 Or, si je fais ce que je ne veux pas, je reconnais par-là que la loi est bonne. 17 Et maintenant ce n'est plus moi qui le fais, mais c'est le péché qui habite en moi. 18 Ce qui est bon, je le sais, n'habite pas en moi, c'est-à-dire dans ma chair: j'ai la volonté, mais non le pouvoir de faire le bien. 19 Car je ne fais pas le bien que je veux, et je fais le mal que je ne veux pas. 20 Et si je fais ce que je ne veux pas, ce n'est plus moi qui le fais, c'est le péché qui habite en moi. 21 Je trouve donc en moi cette loi: quand je veux faire le bien, le mal est attaché à moi. 22 Car je prends plaisir à la loi de Dieu, selon l'homme intérieur; 23 mais je vois dans mes membres une autre loi, qui lutte contre la loi de mon entendement, et qui me rend captif de la loi du péché, qui est dans mes membres. 24 Misérable que je suis! Qui me délivrera du corps de cette mort?... 25 Grâces soient rendues à Dieu par Jésus-Christ notre Seigneur!... Ainsi donc, moi-même, je suis par l'entendement esclave de la loi de Dieu, et je suis par la chair esclave de la loi du péché. » Romains 7.
« 15 parce que la loi produit la colère, et que là où il n'y a point de loi il n'y a point non plus de transgression» Romains 4.

« 19 Or, nous savons que tout ce que dit la loi, elle le dit à ceux qui sont sous la loi, afin que toute bouche soit fermée, et que tout le monde soit reconnu coupable devant Dieu. 20 Car nul ne sera justifié devant lui par les œuvres de la loi, puisque c'est par la loi que vient la connaissance du péché. 21 Mais maintenant, sans la loi est manifestée la justice de Dieu, à laquelle rendent témoignage la loi et les prophètes, 22 justice de Dieu par la foi en Jésus-Christ pour tous ceux qui croient. Il n'y a point de distinction. 23 Car tous ont péché et sont privés de la gloire de Dieu; 24 et ils sont gratuitement justifiés par sa grâce, par le moyen de la rédemption qui est en Jésus-Christ. 25 C'est lui que Dieu a destiné, par son sang, à *être, pour ceux qui croiraient victime propitiatoire, afin de montrer sa justice, parce qu'il avait laissé impunis les péchés commis auparavant, au temps de sa patience, afin, dis-je, 26 de montrer sa justice dans le temps présent, de manière à être juste tout en justifiant celui qui a la foi en Jésus. » Romains 3.*

« 5 Mais si notre injustice établit la justice de Dieu, que dirons-nous? Dieu est-il injuste quand il déchaîne sa colère? Je parle à la manière des hommes. 6 Loin de là! Autrement, comment Dieu jugerait-il le monde? 7 Et si, par mon mensonge, la vérité de Dieu éclate davantage pour sa gloire, pourquoi suis-je moi-même encore jugé comme pécheur? 8 Et pourquoi ne ferions-nous pas le mal afin qu'il en arrive du bien, comme quelques-uns, qui nous calomnient, prétendent que nous le disons? La condamnation de ces gens est juste. 9 Quoi donc! sommes-nous plus excellents? Nullement. Car nous avons déjà prouvé que tous, Juifs et Grecs, sont sous l'empire du péché, 10 selon qu'il est écrit: Il n'y a point de juste, Pas même un seul; » Romains 3.

« 27 Où donc est le sujet de se glorifier? Il est exclu. Par quelle loi? Par la loi des oeuvres? Non, mais par la loi de la foi. 28 Car nous pensons que l'homme est justifié par la foi, sans les oeuvres de la loi. » Romains 3.

« 6 Mais maintenant, nous avons été dégagés de la loi, étant morts à cette loi sous laquelle nous étions retenus, de sorte que nous servons dans un esprit nouveau, et non selon la lettre qui a vieilli. » Romains 7.

C'est pour suppléer à la mascarade de la mauvaise foi, ou le fait qu'on puisse mener une existence sans moralité, alors même que la loi morale est sensée être inscrite dans la nature de chaque homme, que la loi est descendue. Mais en ce cas c'est déjà trop tard, car l'individu ne réagit plus positivement au bien, il a déjà pris gout au mal et a maintenant un penchant pour lui. Donc même en lui montrant comment faire pour ne pas faire le mal, même si on fait tout un scénario pour l'amener à comprendre comment il faut procéder pour faire le bien et ne pas faire le mal, cela n'empêchera à quelqu'un qui s'est déjà entiché du mal, qui a déjà contracté le mal, qui s'est déjà initié au mal, de désister pour s'intéresser à nouveau à ce qui est bien. La bouche qui a tété n'oublie pas la saveur du lait. La loi devait alors s'assortir de sanctions pour être persuasive, sanctions qui sont les malédictions sur ceux qui contreviennent à la loi universelle, ou ceux qui commettent le mal alors que le bien est tout à portée. Ce serait la colère de Dieu, ce qui arrive à ceux qui délibérément choisissent d'aimer et de vouloir autre chose que ce que Dieu aime et prescrit, donc à ceux qui s'avisent à inventer un autre gout à côté de gout universel pour le bien, l'instinct de bien, ceux qui ont changé le gout de bien au gout pour le mal, ceux qui ont travesti l'authenticité du gout universel.

« 34 En vérité, en vérité, je vous le dis, leur répliqua Jésus, quiconque se livre au péché est esclave du péché. 35 Or, l'esclave ne demeure pas toujours dans la maison; le fils y demeure toujours.... » Jean 8.
«...19 Et qui disent: Qu'il hâte, qu'il accélère son œuvre, Afin que nous la voyions! Que le décret du Saint d'Israël arrive et s'exécute, Afin que nous le connaissions! 20 Malheur à ceux qui appellent le mal bien, et le bien mal, Qui changent les ténèbres en lumière, et la lumière en ténèbres, Qui changent l'amertume en douceur, et la douceur en amertume! 21 Malheur à ceux qui sont sages à leurs yeux, Et qui se croient intelligents » Ésaïe 5.
« Qui disent aux voyants: Ne voyez pas! Et aux prophètes: Ne nous prophétisez pas des vérités, Dites-nous des choses flatteuses, Prophétisez des chimères! » Ésaïe 30:10.

« Il y a eu parmi le peuple de faux prophètes, et il y aura de même parmi vous de faux docteurs, qui introduiront des sectes pernicieuses, et qui, reniant le maître qui les a rachetés, attireront sur eux une ruine soudaine. » 2 Pierre 2:1.

« Vous fatiguez l'Eternel par vos paroles, Et vous dites: En quoi l'avons-nous fatigué? C'est en disant: Quiconque fait le mal est bon aux yeux de l'Eternel, Et c'est en lui qu'il prend plaisir! Ou bien: Où est le Dieu de la justice? » Malachie 2:17.

« O vous qui changez le droit en absinthe, Et qui foulez à terre la justice! » Amos 5:7.

« Et ils prétendent que la nuit c'est le jour, Que la lumière est proche quand les ténèbres sont là! » Job 17:12.

« Prends donc garde que la lumière qui est en toi ne soit ténèbres. » Luc 11:35.

« 47 Pour n'avoir pas, au milieu de l'abondance de toutes choses, servi l'Eternel, ton Dieu, avec joie et de bon coeur, 48 tu serviras, au milieu de la faim, de la soif, de la nudité et de la disette de toutes choses, tes ennemis que l'Eternel enverra contre toi. Il mettra un joug de fer sur ton cou, jusqu'à ce qu'il t'ait détruit. » Deutéronome 28.

« 45 Toutes ces malédictions viendront sur toi, elles te poursuivront et seront ton partage jusqu'à ce que tu sois détruit, parce que tu n'auras pas obéi à la voix de l'Eternel, ton Dieu, parce que tu n'auras pas observé ses commandements et ses lois qu'il te prescrit. 46 Elles seront à jamais pour toi et pour tes descendants comme des signes et des prodiges. » Deutéronome 28.

Or, même sous la menace de la colère divine, ceux qui ont un penchant pour le mal ne se convertissent pas. Les gens n'ont pas peur de Dieu et de sa colère, ils s'exposent gaillardement à elle, on ne sait pas pourquoi ou à quelle fin. Normalement, lorsque la loi est descendue, cela devait avoir fait tellement peur aux hommes que ça leur aurait passé l'envie de commettre le mal, mais on dirait que cet objectif n'a pas été réalisé par loi, on ne dirait pas que ça a fonctionné. On aurait même l'impression que les choses ont tendance à empirer. Les gens n'ont pas peur de Dieu, est-ce par bravoure ou parce qu'ils n'y peuvent rien? Si c'était par bravoure, ça aurait été vraiment sot de leur part, donc c'est à écarter. S'ils n'y peuvent rien, ça veut dire que la loi en descendant, n'a pas pu servir à éradiquer le mal sur terre, elle n'aurait pas été efficace; ce qui veut dire que l'autoritarisme, la sévérité ou la force de la loi, ne peut pas faire l'affaire pour faire des hommes meilleurs. C'est en fait la décision des gens ce qu'ils veulent faire ou être. Ils ne se laissent pas obliger à être bien, ils veulent que ça reste leur décision; seulement si on les laisse décider par eux-mêmes, ils n'optent pas toujours pour le bien, ils se font attendre, ils ne semblent pas pressés de le faire. Il y a une grande frange de la population qui opte pour le mal, même quand le bien est à côté ou à portée. Peut-être que si on les négociait ou on leur en suppliait, ça aurait été plus efficace que de leur brandir la colère de Dieu; mais en ce cas, ils croient qu'on veut les leurrer ou qu'il y a un but caché derrière tout ça; par malice, ils se font prier pour gagner le temps découvrir pour quoi on tient tant à ce qu'ils optent pour le bien ou se comportent comme des gens de bien. Ce qui est sûr, c'est que la colère de Dieu ne peut pas faire l'affaire et non plus si on le leur en priait. Les individus bravent la colère divine et quand elle a fini de consumer quelqu'un, elle ne laisse rien de lui; il devient si dévasté, si en mauvaise posture que sa condition précédente semble être plus prompt à lui inspirer de bonnes actions que la loque ou l'abruti qu'il est devenu après avoir été dévasté par la flamme de la géhenne ou la colère de Dieu. Il devient encore plus incapable à bien faire, encore moins apte au bien. Autrement dit, quelqu'un pourrait faire une connerie, tenter Dieu par inconséquence, pour une raison qui reste la sienne. Quand ensuite la colère de Dieu s'abat sur lui, ce n'est pas pour faire de lui un meilleur homme, ou pour le corriger; elle l'anéantit, or ce n'était pas le résultat escompté.

Si les gens n'ont pas peur de Dieu contrairement à ce qu'espérait Moise, c'est parce qu'ils le connaissent tout comme lui, bien avant qu'il leur ait montré ses normes, car Dieu est la conscience de chacun en sorte que la loi morale est déjà inscrite naturellement en chacun. L'option pour le bien, ou bien pour le mal, n'est pas une question de savoir, c'est une question de bonne ou mauvaise foi. S'ils ne choisissent pas de l'observer de leur propre chef, parce que quelqu'un leur impose de le faire, ça ne fonctionne pas.

«...6 Samuel vit avec déplaisir qu'ils disaient: Donne-nous un roi pour nous juger. Et Samuel pria l'Eternel. 7 L'Eternel dit à Samuel: Ecoute la voix du peuple dans tout ce qu'il te dira; car ce n'est pas toi qu'ils rejettent, c'est moi qu'ils rejettent, afin que je ne règne plus sur eux. 8 Ils agissent à ton égard comme ils ont toujours agi depuis que je les ai fait monter d'Egypte jusqu'à ce jour; ils m'ont abandonné, pour servir d'autres dieux. ... » 1 Samuel 8.

« 29 Abraham répondit: Ils ont Moïse et les prophètes; qu'ils les écoutent. 30 Et il dit: Non, père Abraham, mais si quelqu'un des morts va vers eux, ils se repentiront. 31 Et Abraham lui dit: S'ils n'écoutent pas Moïse et les prophètes, ils ne se laisseront pas persuader quand même quelqu'un des morts ressusciterait. » Luc 16.

« 18 La colère de Dieu se révèle du ciel contre toute impiété et toute injustice des hommes qui retiennent injustement la vérité captive, 19 car ce qu'on peut connaître de Dieu est manifeste pour eux, Dieu le leur ayant fait connaître. 20 En effet, les perfections invisibles de Dieu, sa puissance éternelle et sa divinité, se voient comme à l'œil, depuis la création du monde, quand on les considère dans ses ouvrages. Ils sont donc inexcusables, 21 puisque ayant connu Dieu, ils ne l'ont point glorifié comme Dieu, et ne lui ont point rendu grâces; mais ils se sont égarés dans leurs pensées, et leur cœur sans intelligence a été plongé dans les ténèbres. 22 Se vantant d'être sages, ils sont devenus fous; 23 et ils ont changé la gloire du Dieu incorruptible en images représentant l'homme corruptible, des oiseaux, des quadrupèdes, et des reptiles. » Romains 1.

En plus, les gens savent, tout comme Moise semblait ne pas le savoir, que Dieu est miséricordieux, et qu'il ne juge personne. Ils misent sur l'impunité. Si on choisit de faire le mal, ce n'est pas comme si Dieu se mettrait ensuite aux trousses de l'individu; il le laisse faire ce qu'il veut, il l'abandonne à lui-même, il ne lui court pas après. Autrement dit, Dieu lui-même n'assortit pas la loi de la sanction de la colère divine, il ne juge personne. Les gens semblent avoir très bien compris ça, mais pas Moise. Presque tout le monde a maitrisé cette lumière sur le fait que Dieu ne ferait pas du mal à une mouche, il n'est que bonté. Son seul défaut, qui est en même temps sa perfection, c'est qu'il ne connait même pas le mal, et il ne sait, ni ne veut faire mal à personne. Il ne ferait pas du mal à une mouche. En fait donc, les gens peuvent faire ce qu'ils veulent, Dieu ne leur fera aucun mal, ne leur en tiendra pas rigueur. La seule question, c'est si leur propre conscience elle-même leur pardonnera un jour de l'avoir vouée à être ce qu'elle n'est pas dans son universalité, ou de l'avoir obligée à faire ce que le gout universel pour le bien ne lui permet pas ou commande pas de faire. On parle d'iniquité ou de la possibilité de ne pas se condamner soi-même après avoir commis un mal, de ce qu'on ait aucun problème de conscience après avoir commis un meurtre crapuleux, dépecé des personnes, on parle de non-moralité, ou de ce que le ridicule ne tue pas … etc, lorsque la personne est abandonnée à elle-meme par Dieu. L'objectif est de vérifier si à la longue on peut soutenir un tel point de vue, c'est-à-dire si on peut être content de soi-même après avoir accumulé le maximum d'actes ignobles; si on peut avec ça, partir en retraite tranquille et couler des jours heureux en bonne conscience; c'est ce qu'on verra un jour. Cela consiste à se supposer n'avoir aucun cœur ou n'avoir même pas de conscience, mais c'est faux; on possède bien un cœur et une conscience. Il s'agit maintenant de savoir ce que pensent son cœur et sa conscience de l'individu, si eux aussi ils sont contents de lui ou sont acquis à sa cause, s'ils se sont joints à lui pour aller à presque tout et n'importe quoi. C'est ce qu'on verra un jour. On verra si l'iniquité peut se soutenir, si elle repose sur un fondement solide ou si elle est appelée à s'écrouler pour céder la place à tous les remords qu'on ne s'est pas donné la peine d'avoir après autant d'actes ignobles. Toutefois, ce n'est que l'affaire de l'individu, maintenant que Dieu l'a laissé n'en faire qu'à sa tête. Ça ne regarde ni Dieu ni personne, c'est une affaire entre l'individu, sa propre conscience et son propre cœur. Ça ne regarde que lui.

Les gens semblent être bien au parfum de la bonté de Dieu, c'est pourquoi ils font la sourde oreille quand on leur fait la morale ou des sermons, sachant que c'est faux, Dieu ne leur demandera aucun compte. Il laisse plutôt tout faire, chacun aller à sa voie. Par contre, les gens semblent complètement ignorer qu'ils devraient avoir peur d'eux-mêmes. Le Moi de chacun n'est pas le sien; chacun le trouve-là et il s'en empare pour devenir qui il est. Mais ensuite, il devient convaincu qu'il a toujours été ce Moi ou que son Moi n'est la propriété de personne d'autre que lui. Tout le monde commet cette erreur de penser que son Moi est le sien, ou oublie qu'il l'a trouvé-là, et voyant que personne ne regardait et qu'il n'y avait personne autour, puisque dans cette sphère il n'y a pas d'Autre, il s'en saisit et se mit à faire croire aux autres qu'il est ce Moi-ci, ça fait longtemps que ça dure. C'est-à-dire qu'il se convainc et laisse croire aux autres qu'il a de tout temps été ce Moi-ci. Puisque les gens se laissent faire et font eux-aussi de même pour imposer leur Moi aux autres, ce fut devenu une pratique commune, un phénomène généralisé, chacun se faisant passer pour quelqu'un qu'il ne s'est jamais cru être avant d'avoir trouvé son Moi par hasard. Mais Dieu le voyait faire quand il s'arrogeait ce Moi; seuls Dieu et lui le savent, que son Moi n'a pas toujours été sa propriété. Il ne l'a pas volé mais il est tombé sur lui à tout hasard, c'est-à-dire qu'il ne l'a pas toujours été; auparavant il était certainement autre chose, mais ça il ne l'a fait savoir à personne; seuls Dieu et lui le savent, ça aussi. Quand l'individu est arrivé, il est sans doute venu avec rien, comme un rien, et pour palier à cela, il lui fallait coute que coute se saisir du premier Moi sur lequel il est tombé; ce fut le Moi qu'il est à présent, il le prit et le devint à partir de ce jour-là. Seuls Dieu et lui savent ce jour. Dieu le voyait faire, mais c'est permis, ce n'est pas interdit par Dieu de se saisir du Moi sur lequel on tombe; c'est même exigé de chacun qu'il s'octroie un Moi et soit quelqu'un. Ça, ce n'est pas un problème. Mais quand ils sont devenus qui ils sont, les hommes oublient totalement que leur Moi est une chose d'emprunt, et ils ignorent que ça s'appelle *'revient'* comme l'est toute chose d'emprunt. Le Moi doit forcément appartenir à quelqu'un quand il a été trouvé-là; il semblait n'appartenir à personne, mais c'était en fait déjà la propriété de quelqu'un. L'angoisse chronique de l'individu ou sa peur muette s'appuie sur la crainte que le propriétaire inconnu de ce Moi ne vienne un jour réclamer son dû, et le laisser sans aucun Moi, sans rien.

Si on demande à la personne, elle sera la première à reconnaitre qu'elle ne s'est pas elle-même créée et qu'elle s'est elle-même découverte comme ça, comme on la voit. Si on pose que c'est peut être Dieu ou quelqu'un d'autre qui a créé le Moi et l'a déposé-là à l'intention de la personne, si on pose que c'est peut-être à Dieu à qui appartient ce Moi, on peut supposer que Dieu puisse revenir pour redemander et récupérer ses Moi. S'il le faisait, il n'y aurait rien de plus juste, puisqu'ils lui appartiennent tous. En ce moment, la personne serait-elle prête à le lui rendre? Apparemment pas, parce que la personne se retrouverait sans rien et ne saurait pas quoi faire ensuite. Si Dieu insiste, la personne se défendra à mort pour défendre son Moi. Elle se ficherait du fait que c'est à Dieu à qui elle a affaire. Pour défendre ou garder son Moi, la personne serait prête à tout, ferait tout et n'importe quoi, elle livrerait bataille à quiconque. *«17 Alors il leur dit: Rendez à César ce qui est à César, et à Dieu ce qui est à Dieu. Et ils furent à son égard dans l'étonnement.» Marc 12.*

Toutefois, en général, tout le monde connait la bonté et la richesse infinie de Dieu, personne ne s'attend à ce qu'il insiste, si la personne elle aussi insiste. La personne se dit que si elle insiste, Dieu finira par ne plus revendiquer son Moi et le lui céder; il n'est pas à un Moi près. Tout le monde se dit que Dieu a tellement de Moi à son actif par sa richesse infinie, qu'il ne perdra pas son temps à tirailler dans un litige avec la personne sur la garde de son Moi, comme des parents divorcés. Donc la personne suppose en général qu'elle a toutes les chances de garder son Moi, de l'emporter dans son litige avec Dieu au sujet de son Moi, avec ou sans avocat, légitimement ou non, d'une manière ou d'une autre. Elle ne s'inquiète pas pour Dieu; elle se dit qu'avec Dieu tout se règle, on peut négocier, la bataille est gagnée d'avance. Elle a l'impression qu'elle connait Dieu comme sa poche et qu'elle saurait sans aucune peine sur quel levier tirer en temps utile pour faire fléchir Dieu pour qu'il lui laisse son Moi à elle. Il lui suffirait de le prendre par les sentiments, en activant des cordes de son timbre vocal pour lequel tout le monde a un faible. En pleurnichant juste un peu comme les enfants le font avec leurs parents, en quelques minutes Dieu aurait cédé et lui laissera la garde de son Moi. C'est comme ça que tout imaginaire raisonne et se voit gagner d'avance le litige entre Dieu et lui sur son Moi. Pour l'imaginaire, là n'est même pas le problème, parce que cela est gagné d'avance. On gagne toujours son cas avec Dieu parce que de par sa bonté et sa richesse, Dieu cède le Moi à la personne, et n'emploie jamais les grands moyens sur un coup de tête; il n'en vient jamais jusque-là, il ne tombe jamais aussi bas. C'est bien ainsi; en effet, il se comporte vis-à-vis de nous comme un père qui a un faible pour ses enfants ou qui perd la partie face à eux. Du coup, on peut se permettre ce qu'on veut; on saura quelles balivernes ou quels baratins lui raconter pour qu'il réponde OK pour cette fois, en demandant seulement de ne plus recommencer ou de faire attention la prochaine fois. Dieu sait que ce sont des balivernes, nous aussi nous savons que Dieu sait que ce sont des balivernes, mais ça marche; alors on ne s'en prive pas. A chaque fois la personne promet de ne plus recommencer comme s'elle pensait ce qu'elle disait, alors que l'instant d'après, elle se dit que bingo, ça a encore mordu à l'hameçon; ça marche à tous les coups. Et ça recommence! Ainsi de suite. On peut comprendre la vie de cette manière-là, mais alors où est le sérieux? Il en est ainsi parce que Dieu n'a jamais fait de mal à personne de toute sa vie. C'est comme s'il s'était juré de ne jamais faire de mal à personne et comme il est fidèle à sa parole, il n'y a aucune chance qu'il ne revienne là-dessus et faire du mal à quelqu'un, même si on lui donne toutes les raisons pour. Il ne change pas d'avis juste parce que quelqu'un aurait fait quelque chose pour l'énerver ou lui faire perdre son tempérament; cela est complètement impossible; il ne juge personne; là-dessus, on peut y compter. Et si Dieu lui-même a laissé la personne faire ce qu'elle veut, qui pourra l'en empêcher? A priori, personne! De la sorte, il n'y a pas d'Autre pour lui barrer la route, elle pourra faire ce qu'elle veut, sans avoir personne à ses trousses, totale impunité. C'est-à-dire qu'on espère toujours s'en tirer à bon compte comme si on était immunisé contre les mauvais tournants. Mais ce passe pour presque tout et n'importe quoi est à consommer avec beaucoup de modération. Il ne faut pas en abuser parce que ce pourrait être la goutte d'eau qui fait déborder le vase. Ce pourrait être quelque chose de nocif, un cadeau empoisonné puisque si on fouille là-dedans, on ne trouve rien de sérieux. Donc à ce niveau, il faudra bien faire beaucoup attention. L'individu est certes abandonné à choisir par soi-même ce qu'il va faire, mais s'il fait de mauvais choix, ce sera à lui seul de les assumer, avec autant de véhémence qu'il s'est engagé en eux. Il faudrait donc faire les choix qu'on est capable d'assumer. Et encore faut-il savoir lesquels on saura assumer, puisque on ne sait pas d'avance quelle tournure pourraient prendre les événements.

Après avoir été rassuré que Dieu ne lui prendra pas son Moi, la question qui se pose maintenant c'est au sujet du Moi lui-même, à savoir qui il est, comment il est, qu'est-ce qu'il fait, et si c'est Dieu qui l'a effectivement créé. Peut-être que Dieu ne l'a pas arraché à l'individu, ne s'est pas engagé dans un long litige, une longue bataille juridique sur lui, parce que ce n'est pas le sien, qui sait ? Il l'a abandonné à l'individu peut-être parce que ce n'est pas le sien ! Ou qu'il n'en vaut pas le coup ! Autrement dit, il s'agit de savoir si Dieu est le seul créateur et forgeron de tous les Moi, ou si ce pourrait être un Moi qui a été créé par quelqu'un d'autre, on ne sait qui pour l'instant. Pour déterminer si c'est un Moi qui a été créé par Dieu, il faudrait vérifier si ce Moi tient de Dieu. A cet effet, rien de mieux que la Loi. Il devrait y avoir une ressemblance entre le forgeron et son œuvre, un héritage génétique entre le père et son fils. Même pour les œuvres artistiques, on reconnaît tout de suite la touche ou la main de tel ou tel maitre; ce devrait être pareil avec tous les Moi. Si le Moi a été fait par Dieu, on le saurait aux choses que ce Moi fait, ce à quoi il s'adonne, à sa manière de faire. Normalement, quand il fait des choses, ça devrait rappeler Dieu et il aura montré qu'il a été fait à son image de Dieu. Mais pour conduire cette vérification sur l'authenticité du Moi, il faudrait à l'avance savoir à quoi ressemble Dieu, comment il se comporte, et ensuite comparer les deux types d'attitudes pour faire le test de paternité du Moi. On reconnait un arbre à ses fruits.

« 22 Mais le fruit de l'Esprit, c'est l'amour, la joie, la paix, la patience, la bonté, la bénignité, la fidélité, 23 la douceur, la tempérance; la loi n'est pas contre ces choses. » Galates 5.
« 18 Mais quelqu'un dira: Toi, tu as la foi; et moi, j'ai les œuvres. Montre-moi ta foi sans les œuvres, et moi, je te montrerai la foi par mes œuvres. Jacques 2.
La nature de Dieu, c'est ce qu'est la conscience en soi. Donc cette question revient à chercher de quoi, et comment est faite la conscience en soi, en tant qu'elle n'est la conscience de personne, et comparer la conscience telle qu'elle est en soi ou dans son authenticité, avec la conscience en tant qu'elle est la conscience particulière d'une personne quelconque ou en tant que conscience individuelle. Si la personne voit qu'il y a des traits de ressemblance entre la nature de Dieu et son propre Moi, il peut légitimement penser qu'il a été créé par lui. Si la différence est énorme, ça veut dire qu'il y a des doutes sur la paternité de Dieu pour ce qui est de son Moi. Or, si Dieu n'est pas le père légitime de ce Moi, s'il n'est pas le seul Etre à créer des Moi, qui alors ? Qui d'autre que Dieu crée des Moi ? Qui est le créateur du Moi de quelqu'un qui n'a pas été créé par Dieu, qui est son père, de qui provient-il, qui l'a forgé ? En général, il est admis que Satan est ce mystérieux père illégitime. Les Moi qui n'ont pas été créés par Dieu, l'ont été par Satan, qui d'autre ? Il reste à savoir comment sont les Moi de type X, comment ils se comportent, quelle est leur tendance et leur objectif.

« 44 Vous avez pour père le diable, et vous voulez accomplir les désirs de votre père. Il a été meurtrier dès le commencement, et il ne se tient pas dans la vérité, parce qu'il n'y a pas de vérité en lui. Lorsqu'il profère le mensonge, il parle de son propre fonds; car il est menteur et le père du mensonge.» Jean 8.

Satan est compris non pas comme un ennemi de Dieu, parce que si on reste sensé, on ne peut pas s'imaginer un ennemi qui fasse le poids devant Dieu; ce serait ne pas comprendre le concept de Dieu ou ne pas savoir ce qu'est Dieu, que de lui entrevoir un ennemi. Mais Satan est compris comme comme l'opposé de Dieu, c'est-à-dire quelqu'un qui se comporte à l'exact opposé de ce qu'aurait fait Dieu. Donc si Dieu fait A ou dit A, il faut immédiatement déduire que Satan aurait fait B à la place. Il s'empresse de faire l'exact contraire de ce qu'aurait fait Dieu. Si Dieu fait le bien, Satan aurait de suite et sans réfléchir eu l'idée de faire le mal. Il s'inspire de Dieu, mais il le fait très mal, il fait tout de travers. Il ne fait rien d'autre qu'imiter Dieu, mais à la négative ou à la renverse. Il n'a pas d'idée originale, il attend de voir ce que fera Dieu, ensuite il retourne cela la tête en dessous et les pieds en l'air. Comme il n'y aucune chance que Dieu fasse le mal selon son propre concept ou selon sa propre parole, ça veut dire que Satan a toutes les chances de toujours faire le mal. Qui voudrait être le fils d'un tel raté, qui voudrait avoir été créé par lui ? A priori personne, mais on ne sait jamais; toutefois ce serait plus que bête de la part de quelqu'un que de vouloir provenir de Satan, parce que ça n'a aucun sens, on ne peut pas argumenter et dire à quoi ça rime. Or ce qui n'a pas de sens doit forcément mener à quelque chose aussi. Ou, ce qui n'a pas de sens ne peut avoir pour sens que, soit de ne mener à rien dans le meilleur des cas, et au pire dans le pire des cas.

«...8 Mais vous, ne vous faites pas appeler Rabbi; car un seul est votre Maître, et vous êtes tous frères. 9 Et n'appelez personne sur la terre votre père; car un seul est votre Père, celui qui est dans les cieux. 10 Ne vous faites pas appeler directeurs; car un seul est votre Directeur, le Christ....» Matthieu 23.

Que personne n'ait peur de Dieu, il n'y a aucune raison d'avoir peur de lui. On peut être sûr qu'il ne fera de mal même pas à une mouche. Pour lui, Il vaut mieux être aimé que d'être craint, et dans sa souveraineté, il a primé le fait d'être aimé sur le fait d'être craint. Il ne veut pas qu'on le craigne, ou ne veut pas avoir à contraindre les gens à l'aimer. S'ils ne l'aiment pas, ce ne sera pas pour lui plaire, mais il peut faire sans eux, il saura s'en sortir. Alors de qui faut-il avoir peur? C'est de soi-même, parce qu'on ne sait pas a priori à quel Moi on a affaire. Ce pourrait être un Moi crée par Satan et dont l'œuvre vise à ne mener qu'à rien dans le meilleur des cas, et au pire dans les pires des cas. Lorsque le Moi de la personne n'ai pas été créé par Dieu et qu'il l'a été par Satan, on a toutes les raisons de s'affoler.

« 18 La crainte n'est pas dans l'amour, mais l'amour parfait bannit la crainte; car la crainte suppose un châtiment, et celui qui craint n'est pas parfait dans l'amour. 19 Pour nous, nous l'aimons, parce qu'il nous a aimés le premier. 20 Si quelqu'un dit: J'aime Dieu, et qu'il haïsse son frère, c'est un menteur; car celui qui n'aime pas son frère qu'il voit, comment peut-il aimer Dieu qu'il ne voit pas? 21 Et nous avons de lui ce commandement: que celui qui aime Dieu aime aussi son frère. » 1 Jean 4.
Les Moi qui sont créés par Satan, sont de nature à ne mener à rien, mais si c'était seulement ça, on n'aurait pas à avoir peur d'eux à ce point. Le problème avec eux, et si on doit se méfier d'eux, c'est parce qu'ils font tout à l'opposé de ce qu'aurait fait Dieu à la place. Cela est leur mode d'agir, sinon on n'aurait pas dit pas d'eux qu'ils sont sataniques. S'ils agissent de telle sorte qu'ils mènent à quelque chose de bon, il n'y aurait rien de satanique en eux. Mais par définition ou selon leur propre concept, ces Moi ne font rien qu'à l'opposé de ce qui doit être bien. Pour eux, il faut que ça soit le contraire de ce qui est excellent. Ils sont comme une machine à foutre les choses en l'air, à l'intérieur d'eux-mêmes et par ricochet, à l'extérieur d'eux aussi. C'est une machine à faire le mal, une machine à mal faire. *«10 Le voleur ne vient que pour dérober, égorger et détruire; moi, je suis venu afin que les brebis aient la vie, et qu'elles soient dans l'abondance. » Jean 10.*

Ils ne manquent jamais de le faire parce que leur détermination est de répéter ce que fait Dieu, mais à la renverse, ou de travers. Chaque fois que Dieu fait quelque chose de bien, ces Moi sont poussés par une force, à faire la même chose à la négative. Ils tirent leur détermination et leur leitmotiv de l'action de Dieu qui, elle, doit toujours se déployer puisque c'est ce qui produit et fournit le bien dont la terre a besoin pour subsister. Une situation où il n'y a rien de bien ou de bon sur terre, à quoi cela ressemblerait-t-il ? On préfère ne pas le savoir; et Dieu, pour l'amour de nous, se voit obligé de produire et de générer du bien et du bon en permanence, puisque c'est ça qui garantit et assure la vie entière de se maintenir. Sans ça nous suffoquons. En cas de rupture de stock, cela équivaut à la fin de la vie. Si on enlève tout ce qui es bien et bon de la terre, il ne reste presque plus rien de quoi vivre. Pour éviter cette pénurie dévastatrice, Dieu se met au travail continuellement pour nous fournir en bien et en bon. Or il se trouve que chaque fois qu'il fait quelque chose de bien ou de bon, cela inspire aux Moi crées par Satan de l'imiter machinalement à la négative pour commettre l'exacte opposé de ce bien fourni. Chaque fois que Dieu produit une bonne idée, cela donne aux Moi de Satan l'idée adverse de faire la même chose, mais de telle sorte que ce soit mal fait dans la détermination, dans le principe et l'intention. Ça leur vient comme ça ou machinalement; ils le font sans y penser, c'est comme ça qu'ils fonctionnent. Ils n'ont même pas eu le temps de penser ou besoin de réfléchir que cette idée leur est déjà venue à la tête et pour qu'ils passent à l'acte; c'est instantané, chez eux. Ou, c'est leur détermination qui est ainsi. C'est leur nature qui est comme ça, de faire l'exact opposé de ce que fait Dieu, et de toujours mal faire. Ils font comme ça et sont ainsi, parce qu'ils n'ont pas été faits ou crées par Dieu. Ils ne savent pas comment faire le bien. Ils sont déréglés ou cinglés.

« 22 Certainement mon peuple est fou, il ne me connaît pas; Ce sont des enfants insensés, dépourvus d'intelligence; Ils sont habiles pour faire le mal, Mais ils ne savent pas faire le bien. » Jérémie 4.

« Ils ont la langue tendue comme un arc et lancent le mensonge; Ce n'est pas par la vérité qu'ils sont puissants dans le pays; Car ils vont de méchanceté en méchanceté, Et ils ne me connaissent pas, dit l'Eternel. » Jérémie 9:3.

« Tous ensemble, ils sont stupides et insensés; Leur science n'est que vanité, c'est du bois! » Jérémie 10:8.

« Se vantant d'être sages, ils sont devenus fous; » Romains 1:22.

«13 Il répondit: Toute plante que n'a pas plantée mon Père céleste sera déracinée. 14 Laissez-les: ce sont des aveugles qui conduisent des aveugles; si un aveugle conduit un aveugle, ils tomberont tous deux dans une fosse.» Matthieu 15.

C'est comme ça que se comporte quelque chose qui n'a pas été créé par Dieu. Ça consiste à tout rater ou vise à tout casser. Ils ne le font pas par exprès ou pour écœurer les gens, ils font ça parce qu'ils ne savent faire autrement. Quelque chose ne va pas avec eux, puisqu'en plus ils ne s'initient pas au bien, ils ne veulent pas prendre le temps d'apprendre. Ils ne veulent pas se remettre en cause. Donc on peut dire merci pour tout ce qui a été fait de la main de Dieu, parce que ce sont des choses dont nous ne nous serions jamais passées, des choses indispensables. Encore merci ! Celles qui n'ont pas été faites par lui, on peut dire que chacun s'en serait passé volontiers puisque leur détermination est seulement de ne mener à rien, et sans s'arrêter là, elles mènent aux pires catastrophes. C'est ça dont personne n'a besoin, même pas eux-mêmes, mais ils ne veulent rien savoir. Nous aurions aimé que tout ait été fait par Dieu puisque ce n'est toujours que du bien et du bon. Il ne sait pas agir autrement que de bien faire, ou en faisant le bien. Son effectivité est seulement de bien faire, comme celle de Satan est toujours de tout rater ou de mener à la catastrophe. Du moment qu'il existe des choses qui n'ont pas été créées par Dieu, il y a de quoi se méfier, quand on sait en quoi consiste leur effectivité et leur détermination. Chacun doit batailler pour que ce soit de Dieu qu'il tienne, quitte à détruire son propre Moi si tant est que c'est l'un de ces Moi créés par Satan.

Que les gens n'aient pas peur de Dieu, ça se comprend; mais qu'ils n'aient pas peur d'eux-mêmes, ça c'est très étrange. Sont-ils surs et certains que leur Moi est de ceux qui ont été créés par Dieu ? Ne se peut-il pas que ce soit de ceux qui l'ont été par Satan ? Ont-ils fait leur test de paternité pour savoir de qui ils tiennent? Du moment que leur Moi n'est à la base pas leur propriété, s'il appartient à Satan, lorsque celui-ci revient pour revendiquer son Moi, le litige entre la personne et Satan se passe d'une façon complètement différente que si c'était un litige entre la personne et Dieu. Dieu finit par céder dès que la personne tire sur la corde sensible ou sur le bon levier; dès qu'on le prend au sentiment, en invoquant l'abondance de son amour et avec force supplication, il laisse faire et abandonne le Moi à la personne. Mais Satan n'a pas ce type d'attitude, il n'a pas de sensibilité ou de cœur. Le jour où la personne est confrontée avec lui dans le litige sur son Moi, Satan tout feu tout flamme devient totalement un autre pour la personne. Il fait comme s'il ne l'a jamais connue de sa vie, comme s'il ne l'a jamais rencontrée, et il exige qu'on lui rende son Moi en seul morceau. Le Moi fait alors comme s'il n'a jamais été le Moi de cette personne, il lui devient autre et la personne se comporte comme si elle n'avait plus sa tête à elle, comme si elle n'était pas elle-même. C'est-à-dire que Satan prend tout à l'individu et ne lui laisse rien, absolument rien. C'est alors que la personne se comporte comme si elle a complètement perdu la tête, parce qu'on lui a retiré jusqu'à son Moi d'emprunt. Si c'est le sien, Satan revendique tout son Moi, il ne laisse rien à la personne. C'est ainsi qu'il mène la personne à sa propre perte, à la catastrophe. Il la dévaste entièrement de l'intérieur, il ne lui laisse rien à rien. Satan ne sait pas bien faire, ce n'est pas dans son vocabulaire, ni dans son agenda. Il ne le fait pas exprès, il ne le fait même pas pour faire mal à qui que ce soit, mais c'est sa manière de faire qui est comme ça; c'est sa nature de procéder de la sorte. Il ne sait ni peut faire autrement. Pour lui, la bonté et le bien, ce sont de vains mots, ou n'existent même pas dans sa tête. Si on lui parle du bien ou de la bonté, il ne sait pas de quoi on parle, et il ne fait pas exprès; il ne sait vraiment pas ce que c'est. C'est une chose dont il ne sait absolument rien, qui n'est pas dans son langage. On perdrait son temps à le supplier pour qu'il laisse la vie sauve à l'individu. Rien ne lui empêche de tout reprendre et de laisser l'individu privé de la garde de son Moi. Il le laisse en piètre état, vide et bredouille, tout béant, paumé comme une loque ou un zombie.

Alors donc qu'il ne faut en aucune manière se méfier de Dieu, on a toutes les raisons de se méfier de Satan. Se méfier de lui ne consiste pas avoir peur de lui sous prétexte qu'il est la puissance de destruction qui sinon aurait été employée par lui pour anéantir quelqu'un qui ne se méfie pas de lui. Il faut se méfier de Satan quand le Moi de l'individu a été créé par lui. Lorsque le Moi de la personne a été créé par Dieu, ce bon Moi ne fait jamais rien de mal et ne subit aussi aucun mal, sous la protection de son créateur qui veille nuit et jour sur lui. Ce n'est qu'un Moi fait par Satan qui puisse faire du mal à l'individu-même et aux autres. Devant notre choix entre le bien et le mal, c'est-à-dire s'il faut opter pour Dieu ou pour Satan, dans ce moment où l'on doit choisir pour l'un ou l'autre, aucun d'eux n'a de pouvoir sur la personne. Dieu ou bien Satan, acquièrent un pouvoir sur l'individu seulement après que nous avons choisi pour l'un ou pour l'autre et qu'on s'est dédié à l'un ou à l'autre. On devient alors entièrement dédié à l'un ou à l'autre. Avant cela, le choix nous est laissé. Au moment quand nous avons à choisir, nous sommes entièrement libres, et aucune puissance ne peut nous malmener, ni celle de Satan, ni celle de Dieu. Mais si on n'a pas compris ça, on pense que si on n'opte pas pour Satan, il userait de sa puissance de destruction et nous réduirait à néant. Il ne le peut qu'après que nous l'avons choisi et préféré à Dieu. En ce moment, il faut vraiment se méfier de lui, car il est capable de tout et puisque il n'a pas d'autre détermination que de dévaster, de détruire, de tout casser et tout rater à la fin; c'est-à-dire qu'il mène forcément à la catastrophe, il ne manque pas de le faire, sauf si ce n'est pas lui.

« 3 Je bénirai ceux qui te béniront, et je maudirai ceux qui te maudiront; et toutes les familles de la terre seront bénies en toi. » Genèse 12.
« 6 Mais, si quelqu'un scandalisait un de ces petits qui croient en moi, il vaudrait mieux pour lui qu'on suspendît à son cou une meule de moulin, et qu'on le jetât au fond de la mer.» Matthieu 18.
«...18 Jésus leur dit: Je voyais Satan tomber du ciel comme un éclair. 19 Voici, je vous ai donné le pouvoir de marcher sur les serpents et les scorpions, et sur toute la puissance de l'ennemi; et rien ne pourra vous nuire.» Luc 10.

Si c'est pour faire de meilleures hommes, on a vu que la loi ne peut pas faire l'affaire. Sous la menace, quelqu'un ne se sent pas obligé de changer. La volonté est inaliénable. En plus, il se peut que les gens ne fassent pas le mal comme s'ils le voulaient ou comme s'ils le faisaient exprès. Il se peut qu'ils n'y puissent rien ou ne savent pas faire autrement, écrasés par les circonstances. Ils pourraient aussi ne pas être doués pour cela, mais ça c'est une conséquence d'avoir été déchu de la loi morale. Il peut donc arriver qu'ils ne fassent pas semblant et sont réellement incapables de bien faire ou de faire le bien. Ce n'est pas comme si le mal les tentait, mais ils ne voient pas d'autre choix, il a déjà le dessus sur eux, ils sont sous son emprise, sous un joug. Tout le monde n'a pas les yeux ouverts pour voir tous les choix et toutes les alternatives au mal. Dans tous ces cas de figure, on ne peut pas en vouloir aux gens de commettre le mal. Ils sont plutôt à plaindre.

On penserait de prime à bord que l'instinct de bien est chose naturelle et universellement partagée. Pour certains, bien faire c'est comme un jeu d'enfant et ils penseraient que c'est pareil pour chacun. Ils seraient induits à penser que les autres font exprès quand ils font le mal. Mais ce n'est pas toujours le cas de tout le monde. Il y a des gens qui ne savent vraiment pas comment bien faire ou comment se dédier au bien. Pour ces gens, quelle que soit la menace, ils ne se reconvertiront pas au bien. N'étant pas promptes au bien, à la longue ils n'y pensent même plus. Il y a donc deux sous-catégories parmi le groupe de ceux qui commettent le mal: ceux qui ne savent pas bien faire, et ceux qui en plus ne savent plus qu'ils ne savent pas faire le bien; des apprentis et des chevronnés ou des patentés aguerris, endurcis. L'interdiction ou la loi, n'empêche pas à ces gens de rester comme ils sont. La loi n'a pas d'efficacité sur eux pour les amener à prendre gout au bien. Pour qu'ils changent, il faut leur faire miroiter la meilleure façon puisque c'est ça ce qu'ils ne voient pas du tout, au moment où ils choisissent de faire le mal, c'est cela qui leur échappe. Les gens attendent de voir ce qu'est le bien en chair et os, pour qu'à sa seule vue ils aient été charmés par lui, au point de ne plus jurer que par lui. Le bien devrait leur être apparu de telle sorte qu'il leur fasse l'effet de n'avoir plus aucune autre envie que de se convertir à lui. Mais là encore l'énigme ne serait pas résolue, puisque tout le monde n'a pas les yeux ouverts. Il faudrait avoir les yeux pour voir le bien quand il se manifeste. Autrement dit, à l'apparition du bien, ce serait la chance ultime qui est offerte à quelqu'un qui n'aime pas la même chose que Dieu et s'est avéré être un Moi créé par Satan. Si même avec un dessin quelqu'un ne sache quand-même pas ce qu'est le bien et n'en n'a pas pris gout, on ne peut pas faire mieux que ça, c'était la chance ultime. C'est en ce moment qu'on l'abandonne à Satan et la nature du mal s'ouvre à sa conscience. Il découvre ce que c'est que le mal. Le mal aussi, comme le bien est une réalité qui apparait et se manifeste à la conscience. Quand on voit ce qu'est le mal, cela passe définitivement à l'individu l'envie de faire du mal. Il fait le mal à présent parce qu'il ne sait pas ce que c'est, il ne sait pas ce qu'il fait, il ne se rend pas compte. On ne peut pas savoir ce qu'est le mal, c'est-à-dire le voir tel qu'il est ou en live, et avoir envie de s'adonner à lui, cela est impossible. On peut donc dire que tous ceux qui commettent le mal, ne savent pas ce que c'est, mais que ça viendra à coup sûr. L'effet du mal sur une conscience est plus virulent, plus pointu, plus aigu que celui du bien. L'effet du bien est doux, diffus, il ne fait que du bien. L'effet du mal est aigu et piquant, il fait mal. L'on sent quelque chose nous piquer dans notre chair comme si on nous plantait un couteau au cœur, et ça fait tellement mal que l'individu comprend immédiatement ce que par mauvaise foi, il affirmait ignorer. Il s'éveille tout d'un coup et se rend compte de ce qu'il avait à savoir, parce que quand sa propre conscience l'attaque de l'intérieur, il saisit le contenu de la nécessité que suscite l'objet qu'elle a en ligne de mire. C'est-à-dire qu'il se rend compte que sa conscience ne négocie pas avec lui. Si c'est elle qui lui dit de faire quelque chose et qu'il ne s'exécute pas, elle est capable de le déchirer et de ne lui laisser aucun répit, jusqu'à ce qu'il fasse exactement ce qu'elle attend de lui. C'est ainsi qu'opère la nécessité. En ce moment, l'individu n'a plus le choix de faire ce qu'il a à faire; il fait ça tout de suite. C'est ça qui est bien.

David: la fibre royale

L'idée de gestion de l'Etat ou de la manière de régner, renvoie immédiatement à David non pas comme le roi qui a accompli les choses les plus impressionnantes comme Alexandre par exemple, mais le roi idéal, le modèle type et indépassable d'un roi que toute nation rêverait d'avoir en toutes circonstances ou quel que soit le contexte. Alexandre convenait à la Macédoine pour renouer le contact entre le monde occidental et le monde oriental, mais quand ce fut fait, le contexte ne le maintenait plus indispensable. David, par contre, convient à tous les contextes. Effet l'idéal pour un roi c'est d'être sous l'inspiration divine, être en dialogue permanent avec Dieu. Aucune autre qualité ne fait de bon roi. Tout ce qu'il faut à un roi c'est d'être en connexion avec Dieu. Celui-ci lui instruit en temps réel dans quelle direction il devrait entrainer la nation, et là-dessus, il ne peut pas se tromper. La royauté n'exige pas la ferveur religieuse qui est plutôt un fanatisme, mais l'onction ou le fait d'être prophète. Si on n'est pas un saint ou un messager de Dieu, on n'est pas roi par vocation, on ne l'est qu'accidentellement. Si on n'est pas un prophète, on n'est pas le meilleur roi que puisse se donner la nation, il y a plusieures autres possibilités. La nation peut trouver mieux que celui qui a été élu comme roi accidentellement, par chance ou de justesse, et c'est cela qui le disqualifie du nombre des rois par vocation.

Avoir la destinée de tout un peuple en main, ça ne peut pas être tiré au sort, à moins qu'il n'y ait aucun prophète dans les parages. C'est une mission sacrée puisque la vie des gens et leur pouvoir d'achat en dépend. Le meilleur roi pour une nation est le seul qui puisse exercer cette fonction et mener sa mission à bien. Le vrai roi est indispensable, il n'y a pas deux comme lui. Un roi accidentel par contre peut être changé par un autre ça n'aurait rien changé aux choses. On reconnait vrai roi au fait que ce qu'il dit sont des paroles prophétiques ou des messages de Dieu. Ce sont des messages universels qui ne concernent pas seulement les circonstances dans lesquelles le roi les profère. Cent ans après, ces discours restent toujours de rigueur, valables et applicables. Ils ont une portée universelle qui concerne toutes les situations de l'homme, pas seulement la politique, même la gestion de la vie privée. Si David était encore en vie, on aurait été obligé de le faire roi, sinon les circonstances s'organisent pour qu'il en soit ainsi. Il en est ainsi parce que c'est sa vocation, il n'est rien autre chose qu'un roi. L'idée ou le concept de roi quand on pense, c'est ça l'être de David. C'est cette idée qui est devenue une personne et s'est faite David, en sorte que ce n'est plus seulement une pensée, mais quelque chose de réalisé. Après David, la pensée était dispensée de creuser encore plus en profondeur pour se figurer ce qui puisse faire le roi idéal; c'est David. S'il n'était pas né ou descendu, les rois de la terre allaient devoir réfléchir beaucoup pour savoir comment ils pouvaient être de bons rois. Après David, il suffisait de s'inspirer de lui au lieu de lire *le prince* de Machiavel.

« Veuille donc, Seigneur, me donner l'intelligence nécessaire pour gouverner ton peuple et pour reconnaître ce qui est bon ou mauvais pour lui. Sans cela, personne ne serait capable de gouverner ton peuple, qui est considérable. » 1 Rois 3:9.

« En effet, Majesté, je pensais ceci : "Ce que le roi dira contribuera certainement à calmer les esprits. Car le roi est comme un ange de Dieu, il sait discerner le bien et le mal." Que le Seigneur ton Dieu soit donc avec toi ! » 2 Samuel 14:17.

Salomon: l'amour de la sagesse

Quand on parle de la sagesse, on pense directement à Salomon, parce qu'il fut celui qui éleva le savoir essentiel, le gai savoir ou l'illumination au-dessus de toute chose. Il n'était pas le premier amoureux de la sagesse, mais il fit de cela son crédo, comme quelque chose qu'il se répétait tous les matins en se rasant, quand il brosse ses dents, et ensuite en allant dans ses bureaux et ainsi de suite sans jamais s'arrêter de se répéter que la sagesse est la priorité numéro un. A moins de poursuivre la sagesse de cette manière, en faisant d'elle la chose numéro un dans la vie, il est impossible à toute personne d'être entièrement éclairée, d'obtenir la savoir absolu, ou d'atteindre et de couvrir l'entièreté de sa conscience. Il faut que ça soit une obsession, une pensée chronique en l'individu. Chez les grecs c'était un héritage collectif, c'est le principe de leur peuple; ce n'est pas très surprenant d'etre grec et philosophe à la fois. Salomon eut l'intuition que le savoir absolu est aussi le but ultime puisque quand Dieu lui demanda ce qu'il voulait, il répondit qu'il voulait de la sagesse, au lieu de demander à etre riche, ou à avoir un avoir un harem de plus de mille femmes. Ensuite, il reçut le beurre et l'argent du beurre. Il avait deviné juste: le savoir absolu est au-dessus et de l'argent et de tout le reste; c'est la lumière de vie. Il comprenait aussi la philosophie comme une religion, alors que les grecs les séparaient. Donc pour lui, il n'y a de philosophie que de philosophie appliquée. On ne doit respirer que par la philosophie parce que c'est la lumière de vie, la sagesse.

« 22 L'œil est la lampe du corps. Si ton œil est en bon état, tout ton corps sera éclairé; » Matthieu 6.

« Quiconque est bien dirigé, n'est dirigé que pour lui-même.
Quiconque est égaré n'est égaré qu'à son propre détriment.
Nul ne portera le fardeau d'un autre. » Le Voyage nocturne XVII, 15, (ar)
الإسراء. *Le saint Coran.*

« 12 Jésus leur parla de nouveau, et dit: Je suis la lumière du monde; celui qui me suit ne marchera pas dans les ténèbres, mais il aura la lumière de la vie. » Jean 8.

« 37 Celui qui aime son père ou sa mère plus que moi n'est pas digne de moi, et celui qui aime son fils ou sa fille plus que moi n'est pas digne de moi; 38 celui qui ne prend pas sa croix, et ne me suit pas, n'est pas digne de moi.» Matthieu 10.

«...10 Accorde-moi donc de la sagesse et de l'intelligence, afin que je sache me conduire à la tête de ce peuple! Car qui pourrait juger ton peuple, ce peuple si grand? 11Dieu dit à Salomon: Puisque c'est là ce qui est dans ton coeur, puisque tu ne demandes ni des richesses, ni des biens, ni de la gloire, ni la mort de tes ennemis, ni même une longue vie, et que tu demandes pour toi de la sagesse et de l'intelligence afin de juger mon peuple sur lequel je t'ai fait régner, 12la sagesse et l'intelligence te sont accordées. Je te donnerai, en outre, des richesses, des biens et de la gloire, comme n'en a jamais eu aucun roi avant toi et comme n'en aura aucun après toi..... .» 2 Chroniques 1.

« Et Dieu lui dit: Puisque c'est là ce que tu demandes, puisque tu ne demandes pour toi ni une longue vie, ni les richesses, ni la mort de tes ennemis, et que tu demandes de l'intelligence pour exercer la justice, » 1 Rois 3:11.
«...vous ne possédez pas, parce que vous ne demandez pas. » Jacques 4.
« 5 Si quelqu'un d'entre vous manque de sagesse, qu'il la demande à Dieu, qui donne à tous simplement et sans reproche, et elle lui sera donnée. » Jacques 1.

« 7 Demandez, et l'on vous donnera; cherchez, et vous trouverez; frappez, et l'on vous ouvrira. 8Car quiconque demande reçoit, celui qui cherche trouve, et l'on ouvre à celui qui frappe. » Matthieu 7.

« Cherchez le savoir même jusqu'en Chine, car la recherche du savoir est une obligation pour tout musulman.» Hadith rapporté par Al Hasan Ibn Atiyah.

Parmi les buts à rechercher, il y a une graduation, du plus bas au plus important. Le plus élévé est le savoir ou la lumière de vie. Si l'individu renverse cette échelle de valeur, ses prières ou ses voeux, soit ne s'exaucent pas, soit quand ils sont exaucés, ils s'acccompagent de revers.

«…car nous ne savons pas ce qu'il nous convient de demander dans nos prières…» Romains 8.
« 3 Vous demandez, et vous ne recevez pas, parce que vous demandez mal, dans le but de satisfaire vos passions. » Jacques 4.

Il faut distinguer la vertu de la sagesse ou le savoir abstrait de l'illumination. Alors que la dernière est le savoir absolu ou la fin ultime, la vertu lui sert de moyen. C'est impossible de parvenir au savoir absolu à moins d'avoir transité par la vertu. Dans la sagesse, on baigne dans la plénitude, mais la vertu est la saison précédente quand on vivait la vache maigre, parce que la vertu, selon son propre concept, est la renonciation à jouir du fruit de ses efforts, elle n'a pas la jouissance en vue; elle vise à agir de façon désintéressée. En agissant de la sorte pendant longtemps, la conscience vertueuse accumule de la rétention, et c'est cela qui devient plutard la jouissance de la sagesse.

« La satisfaction du maître est elle-même uniquement un état disparaissant. Le travail, au contraire, est désir réfréné, disparition retardée : le travail forme. La conscience travaillante en vient ainsi à l'intuition de l'être indépendant, comme intuition de soi-même. Elle se pose elle-même comme négative dans l'élément de la permanence et devient ainsi pour soi-même quelque chose qui est pour soi. » <u>La Phénoménologie de l'Esprit</u> *Georg Wilhelm Friedrich Hegel.*

« Sans la discipline du service et de l'obéissance, la peur reste formelle et ne s'étend pas sur toute la réalité effective consciente de l'être-là. Sans l'activité formatrice, la peur reste intérieure et muette, et la conscience ne devient pas conscience pour elle-même. Quand tout le contenu de la conscience naturelle n'a pas chancelé, cette conscience appartient encore en soi à l'être déterminé; alors le sens propre est simplement entêtement, une liberté qui reste encore au sein de la servitude. » <u>La Phénoménologie de l'Esprit</u> *Georg Wilhelm Friedrich Hegel.*

La vertu: Jean le Baptiste

Quand on parle de la vertu, on pense directement à Jean le Baptiste parce qu'il a vécu sa vie dans le désert, hors de la jouissance, trop occupé à préparer le chemin de la plénitude, alors que tous les autres individus se la coulaient douce au sein de la belle vie éthique. Ce n'est pas seulement que Jean a prêché la vertu, mais il baptisait les gens c'est-à-dire qu'il les imprégnait de son être en les contaminant à faire de même. Il les influençait par son aura à avoir eux aussi de la vertu au sens de la renonciation de soi et du divorce d'avec l'ancien train-train, pour créer la séparation nécessaire d'avec soi-même, le moment d'opposition quand l'individu fait, en optant pour le savoir abstrait, un trait sur la jouissance, parce qu'en ce moment ça ne lui dit plus rien, son gout a changé, il a trouvé d'autres centres d'intérêts. Par-là, l'individu se différencie de soi-même, il aliène son être-pour-soi, mais c'est pour le retrouver plutard, il se reverra soi-même et renouera avec soi-même, il ne se perdra pas, il ne se sera pas perdu, il sera retrouvé. Jean baptisait avec son aura car il n'avait pas d'idéologie, n'avait pas un message et n'enseignait pas une doctrine; c'est par son aura seulement qu'il influençait les gens.

« 16 Encore un peu de temps, et vous ne me verrez plus; et puis encore un peu de temps, et vous me verrez, parce que je vais au Père. » Jean 16.
« Jésus dit: Je suis encore avec vous pour un peu de temps, puis je m'en vais vers celui qui m'a envoyé » Jean 7:33.

« Je ne vous laisserai pas orphelins, je viendrai à vous. » Jean 14:18.
«...Voici, je vous enverrai Elie, le prophète, Avant que le jour de l'Eternel arrive, Ce jour grand et redoutable. 6 Il ramènera le cœur des pères à leurs enfants, Et le cœur des enfants à leurs pères, De peur que je ne vienne frapper le pays d'interdit. » Malachie 4.

« L'esprit est une activité grâce à laquelle il est à même de se différencier de lui-même. » <u>Esthétique</u> *140 Georg Wilhelm Friedrich Hegel.*

« L'esprit en tant que conscience se différencie de lui-même, et c'est par cette différenciation, par cette division de sa subjectivité, qu'il devient esprit fini. » <u>Esthétique</u> Georg Wilhelm Friedrich Hegel.

« 1 Au chef des chantres. Sur Biche de l'aurore. Psaume de David. Mon Dieu! mon Dieu! pourquoi m'as-tu abandonné, Et t'éloignes-tu sans me secourir, sans écouter mes plaintes? 2 Mon Dieu! je crie le jour, et tu ne réponds pas; La nuit, et je n'ai point de repos. » Psaume 22.

« Cette détermination-progressive (dialectique) est à la fois un acte par lequel le concept qui est auprès de lui-même se situe hors de lui-même et de la sorte se déploie, et, en même temps, l'acte par lequel l'être va en lui-même, s'approfondit en lui-même.» <u>Encyclopédie</u> Georg Wilhelm Friedrich Hegel.

« L'esprit absolu s'oppose à lui-même, dans sa communauté, comme esprit fini ; il n'est esprit absolu que pour autant qu'il est reconnu comme tel dans la communauté. » <u>Esthétique</u> 143 Georg Wilhelm Friedrich Hegel.

« L'esprit en effet est d'autant plus grand qu'est plus grande l'opposition à partir de laquelle il retourne en soi-même; l'esprit se construit cette opposition par le fait de supprimer son unité immédiate et d'aliéner son propre être-pour-soi.» <u>La Phénoménologie de l'Esprit.</u> Georg Wilhelm Friedrich Hegel.

« L'esprit, loin de se rendre infidèle à ce qu'il est réellement, loin de s'oublier et de s'effacer ou de se montrer incapable de saisir ce qui diffère de lui-même, appréhende au contraire et lui-même et son contraire. Le concept est en effet l'universel qui subsiste dans ses manifestations particulières, qui déborde sur lui-même et sur l'autre que lui-même et possède ainsi le pouvoir et l'activité nécessaires pour supprimer l'aliénation qu'il s'est imposée.» <u>Esthétique</u> 26 Georg Wilhelm Friedrich Hegel.

« Discerner que la nature du penser même est la dialectique, que, comme entendement, il ne peut aboutir qu'au négatif de lui-même, à la contradiction, tel est un aspect capital de la logique. » <u>Encyclopédie</u> 84 Georg Wilhelm Friedrich Hegel.

« La science elle-même doit saisir le concept de la science et, ce faisant, le concept premier, - et puisqu'il est premier, il inclut la séparation consistant en ce que le penser est objet pour un sujet. » <u>Encyclopédie</u> *90 Georg Wilhelm Friedrich Hegel.*

«...7 Et Dieu ne fera-t-il pas justice à ses élus, qui crient à lui jour et nuit, et tardera-t-il à leur égard? 8 Je vous le dis, il leur fera promptement justice. Mais, quand le Fils de l'homme viendra, trouvera-t-il la foi sur la terre? » Luc 18.

La vertu prépare le chemin de la jouissance future en jetant son dévolu sur l'universel abstrait, ou la pure forme informe, l'universel privé de figure ou l'immuable, la substance universelle fluide qui vit d'elle-même et qui se suffit à soi. C'est une dimension suprasensible ou les sentiments n'ont pas de part. Dans l'indifférence absolue, il importe peu si on est dans la jouissance ou non. C'est alors que la conscience se contente de penser, cela devient sa seule jouissance ou son seul hobby, vivant seulement de plaisir intellectuel. Or à force de penser, la conscience revient plein de savoir objectif, qui est un savoir non tendancieux, puisque cette conscience ignore totalement ce qu'est l'intérêt. C'est donc un savoir valable à tout point de vue, un savoir objectif. Il survient quand on ne se laisse pas contaminer par la société, par le siècle présent, en quelque sorte quand on s'est mis en hibernation en s'étant détaché de la communauté. Cela libère l'individu des préjugés de l'imaginaire collectif, ou le préserve de la grande influence sociale. C'est la seule condition pour pouvoir voir clair en soi-même; il faudrait avoir fait le vide en soi-même. Le but de cet hermétisme est de trouver en soi-même la différence et devenir différent, distinct, original et indépendant.

« 8 Prenez garde que personne ne fasse de vous sa proie par la philosophie et par une vaine tromperie, s'appuyant sur la tradition des hommes, sur les rudiments du monde, et non sur Christ» Colossiens 2.

« 20 Si vous êtes morts avec Christ aux rudiments du monde, pourquoi, comme si vous viviez dans le monde, vous impose-t-on ces préceptes: 21 Ne prends pas! ne goûte pas! ne touche pas! 22 préceptes qui tous

deviennent pernicieux par l'abus, et qui ne sont fondés que sur les ordonnances et les doctrines des hommes? 23 Ils ont, à la vérité, une apparence de sagesse, en ce qu'ils indiquent un culte volontaire, de l'humilité, et le mépris du corps, mais ils sont sans aucun mérite et contribuent à la satisfaction de la chair.» Colossiens 2.

Une chose vaut pour la vertu en tant qu'elle est universelle. Si elle ne l'est pas, elle n'en vaut pas la peine. Or dans le quotidien, ce critérium n'est pas sacré. Pour atteindre des objectifs, on se fiche de savoir si la chose et le moyen de se la procurer sont universellement valables ou non, mais on pense seulement à parer au plus pressé, à satisfaire des besoins criants et urgents. Le souci d'éthicité n'y a pas de prééminence ou n'y est pas une priorité, et on œuvre pour son intérêt sans questionner son universalité ou non. Donc la conscience vertueuse n'est pas bien armée ou bien dotée pour le quotidien. Elle est vouée à échouer et rendre le tablier, parce qu'elle n'a pas d'efficacité dans la vie de tous les jours. Quand la conscience se rend compte de devoir renoncer à la vertu, elle a le sentiment de sacrifier le bien, et que c'est seulement de ce dur sacrifice du bien que jaillit l'épanouissement et la plénitude. *« La vertu est donc vaincue par le cours du monde, parce que son but n'est en fait que l'essence abstraite privée de réalité effective; mais l'abstraction est justement ce qui n'est pas authentiquement, ce qui seulement est pour la conscience, ce qui signifie par conséquent que celle-ci est ce qui est dit effectivement réel, car l'effectivement réel est ce qui, essentiellement, est pour un autre. »* <u>La Phénoménologie de l'Esprit</u> Georg Wilhelm Friedrich Hegel.

« Voici donc le résultat sortant d'une telle opposition : la conscience se débarrasse comme d'un manteau vide de la représentation d'un bien en soi, qui n'aurait encore aucune réalité effective. Au cours de sa lutte la conscience a fait l'expérience que le cours du monde n'est pas si mauvais qu'il en a l'air; sa réalité effective est en effet la réalité effective de l'universel. Avec cette expérience tombe le moyen de produire le bien par le sacrifice de l'individualité, car l'individualité est précisément l'actualisation de ce qui est en soi. » <u>La Phénoménologie de l'Esprit</u> Georg Wilhelm Friedrich Hegel.

Normalement, ou en principe, on suppose qu'au moment où l'individu est amené à rompre avec la vertu, il se serait entre-temps déjà aguerri au bien, et que le sacrifice de la vertu ne fera pas de lui une brute. C'est seulement que la vertu a déjà accompli sa fonction et que dès lors, elle ne peut plus être de rigueur, il faut passer à autre chose, à une nouvelle figure et nouvelle attitude. La vertu n'est pas une fin en soi, c'est un passage obligé qui doit mener à un résultat. Saint Pierre pensait qu'il fallait s'attarder éternellement sur ce moment, mais Jésus lui dit qu'il fallait passer à autre chose, nommément à l'effectivité.

« 3 Et voici, Moïse et Elie leur apparurent, s'entretenant avec lui. 4 Pierre, prenant la parole, dit à Jésus: Seigneur, il est bon que nous soyons ici; si tu le veux, je dresserai ici trois tentes, une pour toi, une pour Moïse, et une pour Elie » Matthieu 17.
« 31 mais afin que le monde sache que j'aime le Père, et que j'agis selon l'ordre que le Père m'a donné, levez-vous, partons d'ici. » Jean 14.

Bien que la vertu soit vouée à être sacrifiée, elle est cependant un moment nécessaire, et si on ne transite pas par elle, il est impossible de connaitre la plénitude. On reste dans la certitude qu'on a toujours baigné en elle en faisant un avec elle, que ça a toujours été ainsi, au point où on ne sait même plus se souvenir ce qu'est au juste la joie ou la jouissance, ni d'ailleurs ce que c'est que l'alternative opposée. On demeure dans l'éternel-hier ou l'habitude. La jouissance réelle ou la plénitude, est une donnée de base ou un point de départ pour chacun. On démarre tous sa vie dans l'insouciance de l'enfance, en étant naturellement heureux. La plénitude, la béatitude, la félicité n'est pas autre que cette insouciance de l'enfant, mais au départ, elle n'est qu'immédiate ou sans accomplissement, c'est-à-dire fictive et factice. Ensuite, on ne se sépare plus d'elle, on s'accroche à l'infantilisme, mais l'insouciance nous glisse quand-même entre les doigts. On peut être rusé, et trouver le moyen de ne pas céder l'insouciance et rester heureux toute sa vie, commencer avec l'insouciance de l'enfance et terminer avec elle; c'est ça être malin. En cela, le Malin est à l'œuvre dans la vie de l'individu. Normalement, ce n'est pas un malheur quand l'insouciance nous glisse entre les doigts; ça ne fait pas plaisir, mais si on reste continuellement en elle, on ne sait plus faire la part des choses. Ayant de tout temps baigné dans l'insouciance, on ne sait ni ce qu'est la jouissance, ni ce qui en est le contraire. Le fait donc de s'arranger pour que l'insouciance ne nous glisse pas entre les doigts, ce n'est pas malin parce que cette rupture d'avec l'insouciance est inscrite dans le plan de l'évolution naturelle de la conscience humaine. Si on rompt le bon fonctionnement naturel du processus de son évolution, ça ne peut pas aller sans conséquence. Il se crée une distorsion, une disharmonie quelque part, et c'est cela qui provoque les malheurs ou les infortunes.

Donc la vertu a eu raison de renoncer à la jouissance. En cela, la conscience suit le cours normal et naturel de son évolution. Mais à la vue de la vertu, une conscience non-avertie penserait que la vertu est une condition perpétuelle, ce qui équivaudrait à finir sa vie sans jouissance, sans connaître le bonheur. La conscience non-avertie ne voit pas tout de suite que la vertu est un moment passager et même que le bonheur en dépend. Elle voit la vertu comme une menace à sa jouissance paisible.

« 1 Voici, j'enverrai mon messager; Il préparera le chemin devant moi. Et soudain entrera dans son temple le Seigneur que vous cherchez; Et le messager de l'alliance que vous désirez, voici, il vient, Dit l'Eternel des armées. 2 Qui pourra soutenir le jour de sa venue? Qui restera debout quand il paraîtra? Car il sera comme le feu du fondeur, Comme la potasse des foulons.... » Malachie 3.

«10 Car c'est celui dont il est écrit: Voici, j'envoie mon messager devant ta face, Pour préparer ton chemin devant toi.» Matthieu 11.

« 7 Comme ils s'en allaient, Jésus se mit à dire à la foule, au sujet de Jean: Qu'êtes-vous allés voir au désert? un roseau agité par le vent? 8 Mais, qu'êtes-vous allés voir? un homme vêtu d'habits précieux? Voici, ceux qui portent des habits précieux sont dans les maisons des rois. 9 Qu'êtes-vous donc allés voir? un prophète? Oui, vous dis-je, et plus qu'un prophète.» Matthieu 11.

Quand l'insouciance est devenue une habitude ou quelque chose qui fait corps avec l'individu, cela est l'indétermination totale sentiment. Si on demandait à l'individu c'est quoi la plénitude, il ne saurait pas dire ce que c'est. Il pensait que c'est le bien connu, ou quelque chose qui ne vaut pas la peine d'être évoqué, qui se passe d'explication. Pour lui, c'est bête comme question. En fait il n'a jamais conçu ce que c'est.

« Ce qui est agréable, on n'a pas le temps de savoir ce que c'est. » <u>La chatte.</u> *(Film, 1958) Henri Decoin.*
« Ceux qui ne se soucient que de jouissance se dispensent volontiers de juger, et cela par le fait même qu'il n'y a pas de jugement lorsqu'il s'agit de ce qui est le plus vivement agréable: il ne s'agit pas d'une simple approbation de l'objet par moi, mais seulement qu'une inclination est produite.» <u>Critique de la faculté de juger</u> *p52. Emmanuel Kant.*

« La raison ne peut se laisser persuader que l'existence d'un homme qui ne vit que pour jouir (si grande que puisse être l'activité qu'il déploie dans ce but) ait une valeur en soi, même si cet homme, comme moyen, était très utile aux autres dans la poursuite du même but, pour le motif que par sympathie il jouirait lui aussi de tous ces plaisirs: une obligation de jouir est une évidente absurdité, de même en est-il de l'obligation prétendue à des actions qui ont uniquement pour fin le plaisir.» <u>Critique de la faculté de juger</u> *p53. Emmanuel Kant.*

La jouissance est quelque chose que la conscience fabrique par elle-même, par son propre travail, avec ses propres mains. La tâche de la vertu est de servir de fabrique, ou d'usine à produire de la jouissance, mais elle ne la consomme pas, elle ne fait que l'accumuler et la stocker pour un usage à venir. Si la vertu n'a pas été mise en œuvre pour fabriquer de la joie à gogo, l'individu ne peut pas savoir ce que c'est que d'être heureux. Il serait heureux sans plus, sans savoir à quoi il a affaire, sans savoir ce que c'est que d'être heureux. Il penserait que ce n'est pas la peine de le savoir, et qu'il suffit d'être heureux. Faux ! Si on ne sait pas en quoi cela consiste d'être heureux, on n'est pas heureux non plus, du tout. A moins que l'individu se constitue son propre stock de joie, s'arrange à être heureux en se servant de la vertu pour établir ce qui est substantiel et ce qui ne l'est pas, il découvre un jour qu'en fait il n'a jamais été heureux et qu'en plus il ne s'en est même pas rendu compte. Quand on ne s'est pas constitué de la joie par soi-même, on finit toujours par s'en rendre compte. Qui d'un bon vivant et d'un homme rempli d'esprit est heureux ou plein de joie? Ça ne peut pas être le bon vivant, bien que celui-ci se trouve dans la certitude d'être l'homme le plus heureux; il ne fait que le croire, mais ça ne suffit pas pour être dans la joie réelle; il est pauvre en matière de joie, il ne s'en est pas encore rendu compte, mais ça viendra; on finit toujours par se rendre compte, quand on n'est pas heureux, parce qu'être heureux est une nécessité chez l'homme. Le jour où cela arrive de réaliser sa situation, l'individu s'effondre. Sa jouissance artificielle ou fictive ne reposait pas sur quelque chose qui devrait rendre fou de joie, elle n'a pas de fondement. Si on vérifie de quoi il se sentait si heureux, ce pourrait être de quoi fondre en larmes. Mais lui, ça l'amusait parce qu'il ne se rendait compte de rien. Il était encore dans l'illusion, il n'a pas encore été désabusé. Il n'a rien compris de sa situation pour l'instant, mais ce n'est qu'une question de temps. Il se trouve dans la minorité intellectuelle ou l'infantilisme; il est donc à plaindre. C'est aux autres le soin de souffrir la peine qui est la sienne, s'ils en ont le temps, puisque lui-même ne se plaint de rien.

« Tu jouis alors du travail de tes mains, Tu es heureux, tu prospères. » Psaume 128:2.
« 20 Car, je vous le dis, si votre justice ne surpasse celle des scribes et des pharisiens, vous n'entrerez point dans le royaume des cieux.» Matthieu 5.
« 4 Heureux les affligés, car ils seront consolés! » Matthieu 5.

« 19 Ne vous amassez pas des trésors sur la terre, où la teigne et la rouille détruisent, et où les voleurs percent et dérobent; 20 mais amassez-vous des trésors dans le ciel, où la teigne et la rouille ne détruisent point, et où les voleurs ne percent ni ne dérobent» Matthieu 6.

« 6 C'est là ce qui fait votre joie, quoique maintenant, puisqu'il le faut, vous soyez attristés pour un peu de temps par diverses épreuves, 7 afin que l'épreuve de votre foi, plus précieuse que l'or périssable qui cependant est éprouvé par le feu, ait pour résultat la louange, la gloire et l'honneur, lorsque Jésus-Christ apparaîtra, 8 lui que vous aimez sans l'avoir vu, en qui vous croyez sans le voir encore, vous réjouissant d'une joie ineffable et

glorieuse, 9 parce que vous obtiendrez le salut de vos âmes pour prix de votre foi.» 1 Pierre 1.

La joie est en fait un mérite. On est heureux quand Dieu est content de nous, et nous, nous croyions que c'était plutôt nous qui étions contents. Ce n'était pas nous, c'était Dieu qui était content, et cela retentit exactement comme notre propre joie. Ceux qui n'ont pas ce mérite ne sont pas autorisés à être heureux, et quand ils essaient sans ce mérite, c'est toujours en vain. Nous prenons la joie de Dieu pour la nôtre-propre. C'est dans la joie de Dieu que nous puisons pour être heureux. Donc on ne peut pas être plat et être heureux, c'est impossible. Pour être heureux, il faut nécessairement faire quelque chose qui plait à Dieu, et quand Dieu est content de nous, nous saisissons sa joie pour être heureux. Nous transférons la joie de Dieu sur nous. Il n'existe pas une autre manière de se rendre heureux.

« Dans le domaine spirituel, l'homme recherche la satisfaction et la liberté dans le vouloir et le savoir, dans les connaissances et les actions. L'ignorant n'est pas libre, parce qu'il se trouve en présence d'un monde qui est au-dessus et en dehors de lui, dont il dépend, sans que ce monde étranger soit son œuvre et qu'il s'y sente comme chez lui. La recherche du savoir, l'aspiration à la connaissance, depuis le degré le plus bas jusqu'au niveau le plus élevé, n'ont pour source que ce besoin irrésistible de sortir de cet état de non-liberté, pour s'approprier le monde par la représentation et la pensée.» <u>Esthétique</u> Georg Wilhelm Friedrich Hegel.
« Le terme de béatitude est inséparable de la notion d'intelligence, puisque être heureux, c'est connaître que l'on possède son propre bien : Cujus libet enim intellectualis naturae proprium bonum est beatitudo10. Rien n'est donc finalement plus légitime qu'un ordre religieux de moines contemplatifs et enseignants. » <u>Sagesse</u> Wikipédia.

Donc à moins d'avoir beaucoup pratiqué la vertu, il est impossible d'avoir connu beaucoup de joie. On peut seulement le croire comme le fait le bon vivant. Si la vertu n'avait pas cette vertu à rendre heureux, on se demande pourquoi se dépenser autant à travers sa pratique; se donner trop de peine et de privations pour rien? En ce cas la vertu n'aurait pas été conforme à sa définition ou à son concept, elle n'aurait pas rempli sa promesse. La vertu de la vertu est de fabriquer de la joie et c'est cette joie qui inonde le corps de l'individu, se répand pour devenir l'illumination ou l'extase. La substance de la joie qui se répand dans le corps est la conscience qui s'expand en l'individu pour devenir maximale ou pour devenir esprit. La conscience ne fait alors que s'illuminer soi-même. C'est sa substance qui donne de la joie à l'individu.

« 63 C'est l'esprit qui vivifie; la chair ne sert de rien. Les paroles que je vous ai dites sont esprit et vie » Jean 6.
« Mais la sensibilité outrepasse le système nerveux et pénètre tous les autres systèmes de l'organisme ; - en partie cette propriété est moment universel, qui est essentiellement inséparé et inséparable de la réaction ou irritabilité, et de la reproduction. En effet comme réflexion en soi-même, la sensibilité a déjà la réaction en elle. Le fait d'être seulement réfléchi en soi-même est passivité, ou être mort, et n'est pas sensibilité ; la réflexion dans l'action ou dans la réaction, et l'action ou la réaction dans la réflexion, sont justement ce dont l'unité constitue l'organique. » <u>La Phénoménologie de l'Esprit</u> *226 Georg Wilhelm Friedrich Hegel.*

« 10 Apportez à la maison du trésor toutes les dîmes, Afin qu'il y ait de la nourriture dans ma maison; Mettez-moi de la sorte à l'épreuve, Dit l'Eternel des armées. Et vous verrez si je n'ouvre pas pour vous les écluses des cieux, Si je ne répands pas sur vous la bénédiction en abondance.» Malachie 3.

« Come and hold my hand
I wanna contact the living
Not sure I understand
This role I've been given

I sit and talk to God
And he just laughs at my plans
My head speaks a language
I don't understand

I just want to feel real love
Feel the home that I live in
'Cause I got too much life
Running through my veins
Going to waste
» <u>Feel</u> Robbie Williams.

« *30 Il dit encore: A quoi comparerons-nous le royaume de Dieu, ou par quelle parabole le représenterons-nous? 31 Il est semblable à un grain de sénevé, qui, lorsqu'on le sème en terre, est la plus petite de toutes les semences qui sont sur la terre; 32 mais, lorsqu'il a été semé, il monte, devient plus grand que tous les légumes, et pousse de grandes branches, en sorte que les oiseaux du ciel peuvent habiter sous son ombre.... »* Marc 4.
En s'actualisant, l'attitude vertueuse se comporte comme si on cherchait à impressionner Dieu pour gagner ses faveurs. En fait il s'agit de le rendre content de nous. A moins qu'il ne soit content, nous non plus ne savons pas trouver de la joie ou que nous la cherchions puisque c'est dans son capital de joie que nous prenons pour être heureux. C'est seulement la joie de Dieu qui est une joie. Ce qui ne le rend pas content ne peut rendre personne content, sauf à se leurrer. Donc il faut tout faire pour qu'il soit content de nous. Content, il l'est déjà, mais content de nous, cela nous vaut une mention spéciale ou une faveur. Si c'est de nous précisément qu'il est content, en ce moment il est en considération de notre dossier personnel, c'est à nous qu'il pense spécialement en ce moment-là.

«*...réjouissez-vous de ce que vos noms sont écrits dans les cieux.*» Luc 10:20.
« *4 Réjouissez-vous toujours dans le Seigneur; je le répète, réjouissez-vous. 5 Que votre douceur soit connue de tous les hommes. Le Seigneur est proche. 6 Ne vous inquiétez de rien; mais en toute chose faites connaître vos besoins à Dieu par des prières et des supplications, avec des actions de grâces. 7 Et la paix de Dieu, qui surpasse toute intelligence, gardera vos cœurs et vos pensées en Jésus-Christ.*» Philippiens 4.

La joie de la personne ne peut pas être proportionnelle à ses avoirs en banque. Il faudrait en plus que Dieu ait été content de cela. Si ça ne lui a pas plu, la personne perdrait son temps à essayer d'être heureuse, ça ne lui arrivera pas. Ce n'est pas au moyen des choses de type matériel qu'on puisse se rendre heureux. C'est seulement la vertu qui en a le secret. Il y a l'illusion têtue qu'il faut se servir de ces choses matérielles pour être heureux. Les besoins naturels et leur satisfaction en seraient la preuve. S'ils ne sont pas satisfaits, on ne pose même pas la question du bonheur sur la table. Cette même-preuve est infirmée par elle-même, par le fait que la satisfaction de ces besoins ne débouche pas immédiatement sur le bonheur. C'est même après que les besoins naturels aient été satisfaits que la question du bonheur se pose. Auparavant, on ne faisait que parer au plus pressé, on n'avait ni le loisir ni même le temps d'être heureux. On n'avait pas ce luxe.

Quand on a obtenu ce luxe et qu'on est prêt à être heureux, la conscience ne se laisse pas manipuler par la matérialité des objets. Le Moi se fait rebelle, il n'est heureux qu'à son heure, qu'à sa guise, c'est-à-dire quand il a décidé de l'être. Si l'individu ne négocie pas avec son propre Moi, s'il ne se met pas à son gout, tout ce qu'il accumule ne peut le rendre heureux. Il reste alors dans l'insouciance qui ne s'est pas questionnée, ne s'est ni différenciée ni déterminée, et il prend l'habitude pour de la joie. La joie personnelle ou le stock de joie propre à l'individu est proportionnel à la quantité de ses bonnes actions, ou à la régularité avec laquelle il a pratiqué la vertu. Le fait de faire le bien ne sert à rien d'autre qu'à fabriquer de la joie à produire de la bonne conscience. Si ce n'était pas le cas, et si c'était destiné à gagner l'estime des autres, l'objectif n'aurait pas été atteint puisqu'on ne change pas le monde juste parce qu'on est un homme de bien. Ça ne sert pas non plus à savoir bien faire son job. Si ça ne servait pas fabriquer de la joie, la vertu n'aurait pas eu d'utilité.

Si la figure de la vertu est le moment qui résume toute l'éducation éthique de l'individu, ce n'est toutefois pas la spiritualisation effective de sa conscience. Ce but est seulement devenu actif chez lui. Sa conscience a pris du vivre-ensemble la substance de la vie éthique, s'est approprié de l'essence ou de l'esprit de la vie en commun, a saisi l'esprit de la communauté ou l'orientation générale du groupe, la tendance générale et l'idée dominante. Elle l'a récupérée pour en faire une affaire et un bien personnels. Elle veut porter cette essence à accomplissement. Les idéaux sont seulement proclamés, ils ne sont que prétendument des idéaux. Ils ne sont en général pas observés ou poursuivis, ils ne le sont que de façade. Cela met à jour une morale conventionnelle et montre la vie en groupe comme un comportement hypocrite. Or la conscience vertueuse a cela en horreur. C'est-là un comportement qui ne flatte personne et fait des gens de faux-types. Tout en reste aux mots. Comme cela fait très mal à la conscience vertueuse et la rend folle de rage, elle adopte un comportement complètement opposé en faisant des idéaux une affaire privée ou personnelle.

« Il triomphe de discours pompeux concernant le bien suprême de l'humanité et l'oppression de celle-ci, concernant le sacrifice pour le bien, et le mauvais usage des dons;- Ce sont là des déclamations qui dans leur déterminabilité expriment seulement ce contenu : l'individu qui prétend agir pour des fins si nobles et a sur les lèvres de telles phrases excellentes, vaut en face de lui-même pour un être excellent; - il se gonfle, et gonfle sa tête et celle des autres, mais c'est une boursouflure vide. »
<u>La Phénoménologie de l'Esprit</u> *Georg Wilhelm Friedrich Hegel.*

« De l'autre côté, dans lequel l'individualité n'a pas la signification de la terre, mais celle de l'Un immanent à la vie organique - de cet autre côté l'observation ne peut pas dépasser les remarques habiles, les rapports intéressants, les hommages offerts au concept; mais les remarques habiles ne sont aucunement un savoir de la nécessité, les rapports intéressants en restent à l'intérêt, mais l'intérêt n'est pas autre chose qu'un avis relatif à la raison, et l'hommage par lequel l'individuel fait allusion à un concept est un hommage enfantin qui, quand il prétend en soi et pour soi avoir quelque valeur, n'est que de l'enfantillage.»
<u>La Phénoménologie de l'Esprit</u> *Georg Wilhelm Friedrich Hegel.*

« Car la simple convoitise, la barbarie et la brutalité du vouloir se trouve en dehors du théâtre et de la sphère de l'histoire universelle. Car quelque chose d'aussi vide que le bien pour l'amour du bien n'a généralement pas sa place dans la vivante réalité. Si l'on veut agir, il ne faut pas seulement

vouloir le bien, mais il faut savoir ce qu'est ce bien. » <u>Philosophie de l'histoire</u> *34 Georg Wilhelm Friedrich Hegel.*

Alors que les valeurs éthiques et les discours sur le bien sont souvent évoqués pour faire bonne figure ou pour cacher un autre dessein, et qu'il arrive trop souvent que la morale conventionnelle ne soit qu'une hypocrisie, la conscience de la vertu les prend, elle, au sérieux. Elle envisage de les réaliser concrètement. Elle y croit sincèrement ou naïvement. Elle croit en leur nécessité et en leur faisabilité. En tant que ces idéaux lui tiennent à cœur, s'ils ne s'accomplissent pas, cette conscience ne se serait pas réalisée. C'est devenu pour elle une question de vie ou de mort, elle a misé toute sa vie là-dessus; c'est devenu la mission de sa vie. Pour elle, c'est vital que ces idéaux se réalisent, sa propre destinée en dépend. En croyant naïvement et sincèrement aux idéaux proclamés, aux valeurs morales, aux sermons, elle est de la sorte devenue une conscience éthique. Celle-ci est la vraie conscience. Elle s'est authentifiée comme conscience en s'identifiant aux idéaux.

« 18 Celui qui parle de son chef cherche sa propre gloire; mais celui qui cherche la gloire de celui qui l'a envoyé, celui-là est vrai, et il n'y a point d'injustice en lui.» Jean 7:18.

« Dans sa nouvelle figure, la conscience de soi se sait elle-même comme le Nécessaire; elle sait avoir en soi-même immédiatement l'Universel ou la Loi; et la Loi, en vertu de cette détermination selon laquelle elle est immédiatement dans l'être-pour-soi de la conscience, est dite la loi du cœur.» <u>La Phénoménologie de l'Esprit</u> *Georg Wilhelm Friedrich Hegel.*
«La loi du cœur, justement par le fait de son actualisation, cesse d'être loi du cœur, elle reçoit en effet dans cette actualisation la forme de l'être, et est maintenant puissance universelle à laquelle ce cœur particulier est indifférent...Mais en même temps l'individu a effectivement reconnu la réalité effective universelle, parce qu'opérer signifie reconnaître la réalité effective comme son essence.» <u>La Phénoménologie de l'Esprit</u> *Georg Wilhelm Friedrich Hegel.*

« L'individualité n'est donc plus alors la frivolité de la figure précédente qui voulait seulement le plaisir singulier, mais elle est la gravité d'un dessein sublime qui cherche son plaisir dans la présentation de l'excellence de sa propre essence et dans la production du bien-être de l'humanité.» <u>La Phénoménologie de l'Esprit</u> Georg Wilhelm Friedrich Hegel.

« Les deux choses sont pour elle inséparables : son plaisir est ce qui est conforme à la loi, car à l'intérieur d'elle même l'individualité et la nécessité ne font immédiatement qu'un, cette unité n'a pas encore été établie par la discipline.» <u>La Phénoménologie de l'Esprit</u> Georg Wilhelm Friedrich Hegel.

« Cette conscience est ici un acte parfait de se rapporter soi-même à soi-même; le rapport à un Autre, qui constituerait la limitation de cette même conscience, est ici supprimé.» <u>La Phénoménologie de l'Esprit</u> Georg Wilhelm Friedrich Hegel.

« 1 Il n'y a donc maintenant aucune condamnation pour ceux qui sont en Jésus-Christ. 2 En effet, la loi de l'esprit de vie en Jésus-Christ m'a affranchi de la loi du péché et de la mort.» Romains 8.

En tant qu'un membre de la société, on est sous le règne d'un principe directeur, d'un code à observer, d'une loi assortie de sanctions. Tout le monde est sous l'autorité de cet ordre selon un déterminisme par lequel les gens s'influent les uns les autres à observer les valeurs en rigueur. Mais les idéaux ne sont pas ces valeurs en cours. Les idéaux ne sont pas réels, ne se sont pas encore réalisés, ce ne sont que des idéaux. La préoccupation de chacun est plutôt d'observer les valeurs déjà à l'œuvre, déjà réalisées et tournant en plein régime. Les lois qui veillent sur ces valeurs régnantes ne sont pas seulement dans le code civil ou dans le droit rigide officiel. Certaines de ces valeurs règnent dans l'ombre, on ne les connait même pas; on les observe, c'est tout. Puisque ce ne sont pas toujours des buts énoncés dans le code civil, et puisque ce sont des puissances éthiques et des coutumes en plein règne, c'est-à-dire puisqu'elles ne peuvent pas compter seulement sur le droit rigide officiel pour veiller sur elles, tout le monde apporte sa pierre à l'édifice pour qu'elles ne soient pas bafouées. Chacun s'y met en s'improvisant comme une sentinelle pour qu'elles soient observées. Au lieu que ce soit le rôle des policiers pour veiller à leur respect, c'est tout le monde qui se porte garant pour qu'elles soient observées et ne soient pas bafouées. Dès que quelqu'un contrevient à ces valeurs, si quelqu'un d'autre se trouve à côté, il se sent froissé à tort, et intime un ordre à celui qui les bafoue d'arrêter ce qu'il fait, de cesser de se comporter de la sorte. Un regard sévère devrait suffire, car la loi se fait manifeste dans la négativité ainsi déployée. Et ça marche toujours parce que la loi est effective, elle n'a pas besoin d'en passer aux mains. Les coutumes et les usages se maintiennent ainsi en mettant tout le monde à contribution.

Mais la conscience vertueuse est insensible à l'effet de la loi déployée contre elle. Un regard sévère ne la fait pas fléchir. Elle n'est pas intimidable, elle est inflexible, déjà affermie dans la certitude de soi-même. Quand elle ne partage pas une valeur, on ne sait pas lui imposer de se plier à cette loi, même si c'est une puissance éthique en plein règne, c'est-à-dire même si c'est une mœurs. En infirmant les usages, elle dévoile qu'ils ne sont pas universels, sinon elle s'y serait pliée. Les valeurs qui ont été déclinées par elle ne valent pas universellement, elle en est l'exception. Ce sont des valeurs valables seulement dans un contexte donné ou peut-être des pratiques frauduleuses contre lesquelles elle s'insurge. Elle fait alors transparaître de nouvelles valeurs à la place, ou bien rappelle les comportements frauduleux à l'ordre. Ses valeurs, certes, ne font pas l'unanimité, mais ne laissent pas d'être universelles pour autant. Elle jette son dévolu sur ces idéaux, et parce qu'ils valent au moins pour elle, ils ont aussi force de loi. Elle ne s'est pas basée sur rien pour y fonder sa conviction.

« 2 Loin de là! Nous qui sommes morts au péché, comment vivrions-nous encore dans le péché? 3 Ignorez-vous que nous tous qui avons été baptisés en Jésus-Christ, c'est en sa mort que nous avons été baptisés? 4 Nous avons donc été ensevelis avec lui par le baptême en sa mort, afin que, comme Christ est ressuscité des morts par la gloire du Père, de même nous aussi nous marchions en nouveauté de vie. 7 car celui qui est mort est libre du péché. 11 Ainsi vous-mêmes, regardez-vous comme morts au péché, et comme vivants pour Dieu en Jésus-Christ. » Romains 6.

« 1 C'est pour la liberté que Christ nous a affranchis. Demeurez donc fermes, et ne vous laissez pas mettre de nouveau sous le joug de la servitude.» Galates 5.
« Cet universel est seulement d'abord ce qui reste égal à soi-même. »
<u>La Phénoménologie de l'Esprit</u> *207 Georg Wilhelm Friedrich Hegel.*

Elle n'est pas influençable par la loi parce qu'elle n'est pas un maillon dans le déterminisme social, elle en est sortie. Ce n'est pas un refus d'obtempérer à la loi, mais elle ne comprend plus ce langage, morte à ces choses-là. Ces choses vaines n'ont plus d'effet sur elle. Justement, la vertu est le fait de s'être retiré de la vie communautaire, pour se plonger entièrement en dedans de soi-même. Alors que le joug de la nécessité étrangère est le lot commun de tous les individus, ce n'est pas le cas de la conscience vertueuse. Dans la vertu, l'individu est perdu dans des rêveries, noyé dans l'abstraction du savoir de soi-même. Il ne s'affaire qu'à ses propres choses, il ne s'occupe pas plus que ça des préoccupations du groupe, à ce qu'en pensent les autres et au qu'en-dira-t-on. A travers la vertu, on est forcément un type à part, quelqu'un qui va son chemin. Ou, quand on est un type à part ou un original, on est dans la vertu. Les deux choses vont de pair. Ce serait-là la renonciation à la belle vie éthique ou à la consommation de la vie, le sacrifice de la jouissance au profit du savoir de soi-même.

« L'esprit est la vie éthique d'un peuple en tant qu'il est la vérité immédiate, - l'individu qui est un monde. L'esprit doit progresser jusqu'à la conscience de ce qu'il est immédiatement, il doit supprimer cette belle vie éthique, et à travers une série de figures atteindre le savoir de soi-même. Au lieu d'être seulement des figures de la conscience, ce sont des figures d'un monde. »
<u>La Phénoménologie de l'Esprit</u> *Georg Wilhelm Friedrich Hegel.*

« Au village, sans prétention,
J'ai mauvaise réputation.
Qu'je m'démène ou qu'je reste coi
Je passe' pour un je-ne-sais-quoi!
Je ne fais pourtant de tort à personne
En suivant mon chemin de petit bonhomme.

Mais les brav's gens n'aiment pas que
L'on suive une autre route qu'eux,
Non les brav's gens n'aiment pas que
L'on suive une autre route qu'eux,
Tout le monde médit de moi,
Sauf les muets, ça va de soi.

Le jour du Quatorze Juillet
Je reste dans mon lit douillet.
La musique qui marche au pas,
Cela ne me regarde pas.
Je ne fais pourtant de tort à personne,
En n'écoutant pas le clairon qui sonne.

Mais les brav's gens n'aiment pas que
L'on suive une autre route qu'eux,
Non les brav's gens n'aiment pas que
L'on suive une autre route qu'eux,
Tout le monde me montre du doigt
Sauf les manchots, ça va de soi.

Quand j'croise un voleur malchanceux,
Poursuivi par un cul-terreux;
J'lance la patte et pourquoi le taire,
Le cul-terreux s'retrouv' par terre
Je ne fais pourtant de tort à personne,
En laissant courir les voleurs de pommes.

Mais les brav's gens n'aiment pas que
L'on suive une autre route qu'eux,
Non les brav's gens n'aiment pas que
L'on suive une autre route qu'eux,
Tout le monde se rue sur moi,
Sauf les culs-de-jatte, ça va de soi.

Pas besoin d'être Jérémie,
Pour d'viner l'sort qui m'est promis,
S'ils trouv'nt une corde à leur gout t,
Ils me la passeront au cou,
Je ne fais pourtant de tort à personne,
En suivant les ch'mins qui n'mènent pas à Rome,

Mais les brav's gens n'aiment pas que
L'on suive une autre route qu'eux,
Non les brav's gens n'aiment pas que
L'on suive une autre route qu'eux,
Tout l'mond' viendra me voir pendu,
Sauf les aveugles, bien entendu » <u>La Mauvaise réputation</u> Georges Brassens.

« 28 Ne craignez pas ceux qui tuent le corps et qui ne peuvent tuer l'âme; craignez plutôt celui qui peut faire périr l'âme et le corps dans la géhenne. » Matthieu 10.
« 11 Heureux serez-vous, lorsqu'on vous outragera, qu'on vous persécutera et qu'on dira faussement de vous toute sorte de mal, à cause de moi. » Matthieu 5.

Elle se tient en retrait de la pagaille apparente de la vie éthique qui bat son plein. Elle se maintient dans l'idéalisme et ne voit la vie qu'en rose, au sens propre de l'expression. C'est alors comme si l'individu s'en fout de tout ce qui n'en vaut pas la peine à ses yeux. Cette vie intérieure produit les délices du plaisir intellectuel ou la joie du rapport à soi-même. C'est ce plaisir qui fait renoncer au monde et à toutes ses convoitises, car il est préférable ou plus jouissif que toutes les joies du monde séculaire réunies. Pour accéder à ces rêveries d'un promeneur solitaire, on n'hésite pas à troquer les joies qu'on trouve dans la vie courante parce que cette exaltation de l'âme sentante est mille fois préférable, bien qu'on l'expérimente dans l'intimité, c'est-à-dire en solitaire. Et c'est Jean le Baptiste qui, à travers sa longue traversée du désert, a le secret de cette vertu. Du fond du Sahara immense, il trouve quand-même le moyen d'être plus jouissif que les gens qui sont dans le circuit, ou les gens absorbés par les activités quotidiennes de la vie sociale qui bat son plein. Il parvient à se retrouver en lui-même et puiser sa subsistance à partir sa substance individuelle propre.

« Comment exprimer cette foule de sensations fugitives que j'éprouvais dans mes promenades ? Les sons que rendent les passions dans le vide d'un cœur solitaire ressemblent au murmure que les vents et les eaux font entendre dans le silence d'un désert ; on en jouit, mais on ne peut les peindre.

L'automne me surprit au milieu de ces incertitudes : j'entrai avec ravissement dans le mois des tempêtes. Tantôt j'aurais voulu être un de ces guerriers errant au milieu des vents, des nuages et des fantômes ; tantôt j'enviais jusqu'au sort du pâtre que je voyais réchauffer ses mains à l'humble feu de broussailles qu'il avait allumé au coin d'un bois. J'écoutais ses chants mélancoliques, qui me rappelaient que dans tout pays le chant naturel de l'homme est triste, lors même qu'il exprime le bonheur. Notre cœur est un instrument incomplet, une lyre où il manque des cordes, et où nous sommes forcés de rendre les accents de la joie sur le ton consacré aux soupirs.

Le jour, je m'égarais sur de grandes bruyères terminées par des forêts. Qu'il fallait peu de chose à ma rêverie ! une feuille séchée que le vent chassait devant moi, une cabane dont la fumée s'élevait dans la cime dépouillée des arbres, la mousse qui tremblait au souffle du Nord sur le tronc d'un chêne, une roche écartée, un étang désert où le jonc flétri murmurait ! Le clocher solitaire s'élevant au loin dans la vallée a souvent attiré mes regards ; souvent j'ai suivi des yeux les oiseaux de passage qui volaient au-dessus de ma tête. Je me figurais les bords ignorés, les climats lointains où ils se rendent ; j'aurais voulu être sur leurs ailes. »
<u>Réné</u> François René de Chateaubriand.

Ici la conscience prend gout à découvrir qu'elle est pour soi-même un objet universel. Elle considère l'effectivité éthique comme un laisser-aller de la liberté, une perversion du bien et la relation subjective à soi-même comme la chose idéale qui conditionne toutes les autres choses. Autrement dit, le bien est son propre être, et chaque fois qu'on le maltraite, elle sent que c'est elle qu'on maltraite. Or dans la vie séculaire, dans l'effectivité éthique ou la consommation de la vie, l'activité se résume à cela, se résume à cette braderie du bien. On ne fait que chercher le bien pour le déchirer et s'octroyer une part en lui, un bout ou un morceau. La vertu se met en retrait de tout ça. Mais ça, les hommes n'aiment pas ça du tout et ils se font entendre. Ils ne rendent pas la tâche facile à un homme devenu vertueux.

« Mais en fait la conscience de soi est la réflexion sortant de l'être du monde sensible et du monde perçu; la conscience de soi est essentiellement ce retour en soi-même à partir de l'être-autre » <u>La Phénoménologie de l'Esprit</u> *Georg Wilhelm Friedrich Hegel.*
« Avec la conscience de soi alors nous sommes entrés dans la terre natale de la vérité » <u>La Phénoménologie de l'Esprit</u> *Georg Wilhelm Friedrich Hegel.*
« 36 Mon royaume n'est pas de ce monde, répondit Jésus. Si mon royaume était de ce monde, mes serviteurs auraient combattu pour moi afin que je ne fusse pas livré aux Juifs; mais maintenant mon royaume n'est point d'ici-bas. » Jean 18.

« 37 Pilate lui dit: Tu es donc roi? Jésus répondit: Tu le dis, je suis roi. Je suis né et je suis venu dans le monde pour rendre témoignage à la vérité. Quiconque est de la vérité écoute ma voix.... » <u>La Phénoménologie de l'Esprit</u> *Georg Wilhelm Friedrich Hegel.*

Le menu quotidien de la conscience vertueuse est ainsi d'assister impuissante à son propre démantèlement, d'assister à la braderie de son être qui est le bien. Tout le monde ne fait que se ruer sur le bien et lui mordre dessus. Dans cette situation, la conscience vertueuse voit rouge, elle ne voit que le mal fait au bien, ne voit que le mal des choses ou leur mauvais côté; elle voit ce que ne sont pas les choses. Donc elle a une double référence, du fait qu'elle voit les choses et ce qu'elles ne sont pas, les choses et leur revers. Son attention se concentre sur le pourquoi et le comment on malmène le bien, ou comment se fait-il qu'on ne fait pas bien les choses, comment se fait-il qu'on ne fait pas le bien quand on ne le fait pas, ou se trouve le mal des choses, où est la racine du mal, d'où vient le mal? A côté de ça, il y a certes plein de choses qui sont bien faites, il y a beaucoup de bien qui est fait, mais la vertu trouve logiquement que ce n'est pas là où se trouve le travail. Son chantier devrait être quelque chose qui reste encore à faire. Ce qui est bien, c'est déjà fait. Il lui faut concentrer ses efforts sur ce qui est mal et doit être changé en bien. Or de cette façon, elle attire le mal sur elle-même. Le mal vient se concentrer sur elle et elle devient l'opprobre.

«…4 Cependant, ce sont nos souffrances qu'il a portées, C'est de nos douleurs qu'il s'est chargé; Et nous l'avons considéré comme puni, Frappé de Dieu, et humilié. 5 Mais il était blessé pour nos péchés, Brisé pour nos iniquités; Le châtiment qui nous donne la paix est tombé sur lui, Et c'est par ses meurtrissures que nous sommes guéris. » Ésaïe 53.

« Désormais, la conscience, comme conscience de soi, a un double objet, l'un, l'immédiat, l'objet de la certitude sensible et de la perception, mais qui pour elle est marqué du caractère du négatif, et le second, elle-même précisément, objet qui est l'essence vraie et qui, initialement, est présent seulement dans son opposition au premier objet. La conscience de soi se présente ici comme le mouvement au cours duquel cette opposition est supprimée, mouvement par lequel son égalité avec soi-même vient à l'être. » <u>La Phénoménologie de l'Esprit</u> *Georg Wilhelm Friedrich Hegel.*

Selon cette abstraction, l'individu est double parce que c'est un être qui est, mais qui en même temps se voit tout autrement comme n'étant pas, ou se voyant autrement qu'il ne l'est, et cette scission est sa certitude de soi, avec la nuance qu'il n'en considère que l'un des côtés. Dans la scission, la conscience est configurée en un bloc de bien et un autre de mal, et l'individu devient confus. La vertu survit cependant à cette mort, de l'intérieur. Elle y parvient en s'accrochant à l'un des pôles de sa conscience. Elle penche pour seulement le côté du bien, mais en fait, comme les deux cotés sont interchangeables, en optant pour l'un, c'est plutôt sur l'autre qu'elle tombe, et vis-versa. Comme elle a opté pour le côté du bien, elle tombe sur celui du mal, et dès lors, elle ne voit plus que le mauvais côté des choses. C'est en effet de ce côté que se trouve tout le travail.

« ...31 Jésus, prenant la parole, leur dit: Ce ne sont pas ceux qui se portent bien qui ont besoin de médecin, mais les malades. 32 Je ne suis pas venu appeler à la repentance des justes, mais des pécheurs.» Luc 5.

« allez plutôt vers les brebis perdues de la maison d'Israël. » Matthieu 10:6.

« J'ai encore d'autres brebis, qui ne sont pas de cette bergerie; celles-là, il faut que je les amène; elles entendront ma voix, et il y aura un seul troupeau, un seul berger. » Jean 10:16.

« Elle n'est pas encore l'unité des deux consciences de soi. » La Phénoménologie de l'Esprit Georg Wilhelm Friedrich Hegel.

« Cette unité se produit donc pour elle, mais dans cette unité l'élément dominant est d'abord encore la diversité des deux membres » La Phénoménologie de l'Esprit Georg Wilhelm Friedrich Hegel.

« Il leur proposa une autre parabole, et il dit : Le royaume des cieux est semblable à un homme qui a semé une bonne semence dans son champ.

25 Mais, pendant que les gens dormaient, son ennemi vint, sema de l'ivraie parmi le blé, et s'en alla.

26 Lorsque l'herbe eut poussé et donné du fruit, l'ivraie parut aussi.

27 Les serviteurs du maître de la maison vinrent lui dire : Seigneur, n'as-tu pas semé une bonne semence dans ton champ ? D'où vient donc qu'il y a de l'ivraie ?

28 Il leur répondit : C'est un ennemi qui a fait cela. Et les serviteurs lui dirent : Veux-tu que nous allions l'arracher ?

29 Non, dit-il, de peur qu'en arrachant l'ivraie, vous ne déraciniez en même temps le blé.

30 Laissez croître ensemble l'un et l'autre jusqu'à la moisson, et, à l'époque de la moisson, je dirai aux moissonneurs: Arrachez d'abord l'ivraie, et liez-la en gerbes pour la brûler, mais amassez le blé dans mon grenier. » Matthieu 13.

Devant le discernement d'un positif et d'un négatif, il lui faut faire son choix. Cette conscience a opté pour le seul côté positif. C'est pourquoi elle n'a que des idéaux en héritage et en considération; elle opte seulement pour le meilleur, pour l'excellence…etc.

« Est donc supprimée la détermination de la conscience de soi étant pour soi ou négative, détermination dans laquelle la raison surgissait; une telle conscience de soi trouvait devant elle une réalité effective qui devait être le négatif d'elle-même; et c'est seulement par le mouvement de supprimer cette réalité effective qu'elle avait à actualiser son but. Mais puisque but et être-en-soi se sont révélés comme ce que sont l'être-pour-un-autre et la réalité effective trouvée, la vérité ne se sépare plus de la certitude. La présentation ou l'expression de l'individualité est à cette opération but en soi et pour soi-même. » <u>La Phénoménologie de l'Esprit</u> Georg Wilhelm Friedrich Hegel.
« 11 Revêtez-vous de toutes les armes de Dieu, afin de pouvoir tenir ferme contre les ruses du diable » Éphésiens 6.

Toutefois la conscience vertueuse devra certainement se convertir à nouveau, car l'objet qui est à présent le sien est un pur objet vide. Elle contemple la pure forme informe ou la gloire de Dieu, l'immuable privé de figure, pour ne pas dire le néant. Elle n'est pas en conversation avec le monde, elle l'est seulement avec Dieu. Il faut aussi s'occuper des choses courantes, avoir les pieds sur terre. Ou, ça ne serait pas consistant de courir après le mal de choses, de n'avoir en vue que le mauvais côté des choses. C'est une effectivité qui ne sied pas à la vie séculaire, qui ne peut pas faire recette dans le quotidien, qui ne résout pas les affaires courantes. La vertu dispose seulement d'une effectivité passive.

« Ainsi l'essence éthique n'est pas immédiatement elle-même un contenu, mais seulement une unité de mesure pour établir si un contenu est capable d'être ou de ne pas être une loi, c'est-à-dire si le contenu ne se contredit pas lui-même. La raison législatrice est rabaissée à une raison examinatrice » <u>La Phénoménologie de l'Esprit</u> Georg Wilhelm Friedrich Hegel.
« Représenté comme être-là, il serait une conscience dormante qui resterait en arrière on ne sait pas où. » <u>La Phénoménologie de l'Esprit</u> Georg Wilhelm Friedrich Hegel.

« La conscience faisant l'expérience que les deux côtés sont des moments également essentiels, fait en cela en même temps l'expérience de ce qu'est la nature de la Chose même; elle n'est pas seulement Chose opposée à l'opération en général et à l'opération singulière; mais elle est une essence dont l'être est l'opération de l'individu singulier et de tous les individus, et dont l'opération est immédiatement pour les autres ou est une Chose, et est Chose seulement comme opération de tous et de chacun, est l'essence qui est l'essence de toutes les essences, l'essence spirituelle. »
<u>La Phénoménologie de l'Esprit</u> *Georg Wilhelm Friedrich Hegel.*

L'effectivité réelle force l'agrément, le respect et la soumission, en imposant bon gré mal gré l'immédiat à celles des consciences qui se seraient, autrement, complu dans l'abstraction vide et indéterminée, dans l'irrésolution, ou se seraient positionnées en faveur d'un arbitraire de leur choix. La puissance de l'effectivité impose la vérité et le bien dans une conscience qui pensait avoir le choix de décider par soi-même de ce qui est ou doit être. C'est la puissance qui induit l'individu à faire quelque chose même s'il ne le veut pas, pour autant que ce soit juste de le faire. Ça importe peu s'il le veut ou non, mais c'est mieux pour lui s'il s'y conforme. S'il ne s'y conforme pas, la puissance de l'esprit lui impose de le faire, et il se surprend tout bonnement à faire cette chose. Cela est le baptême de feu qui influence la personne à faire la chose qui s'impose, avant même que cette personne ait eu le temps d'hésiter ou de s'en détourner. Donc, l'effectivité réelle est contraignante, et c'est ce qui faisait défaut à la conscience vertueuse.

L'effectivité d'une conscience véritablement spiritualisée est une loi qui se fait valoir cahin caha. Ce pourrait être une effectivité qui fait du bien ou qui fait du mal, mais elle s'impose de toutes les manières sans égards à sa légitimité ou non. En réalité, on ne sait pas ce qui est bien ou ce qui est mal. Chacun y va de ses influences culturelles et profère des jugements moraux, des jugements de valeurs. Mais qui peut dire qu'il sait ce qui est bien et ce qui ne l'est pas ? En fait, personne; la conscience vertueuse, non plus. C'est Dieu seul qui sait ce qui est bien, et personne ne peut se proclamer comme détenant la vérité absolue. La vertu ne fait pas exception à cette règle. Donc l'idéal, c'est de parvenir à se dépouiller de soi-même en sorte qu'on soit entièrement possédé par l'esprit de Dieu. C'est sa volonté qui est autorité absolue. L'idéal c'est de s'être rangé complètement pour que l'avis de Dieu prédomine en l'individu, et s'impose dans ses prises de décision. Tout d'abord, la vertu, en raison de son penchant pour le bien, pense détenir le point de vue inébranlable. Mais à cause du reliquat de l'être qui a subsisté en elle, son avis aussi est affecté par l'opinion propre à l'individu. L'effectivité réelle est celle de la conscience complètement morte et en laquelle l'avis personnel est totalement absent. Mais la vertu s'en méfiait parce qu'elle soupçonnait que ça pourrait être aussi une puissance à imposer ce qui, selon ses vues, ses critères ou ses standards, pourrait être quelque chose de mal. Mais dans l'effectivité réelle, on ne demande l'avis de personne; les choses s'imposent comme elles sont, par elles-mêmes. L'effectivité peut donc m'induire à faire quelque chose que je n'ai même pas eu envie de faire, ce n'est pas mon point de vue qui importe. Mais ce moment finit par survenir, quand l'opinion de la personne est entièrement renversée, pour faire place au point de vue universel de la nécessité qui n'est sous la coupe d'aucune tendance.

« 27 Jean répondit: Un homme ne peut recevoir que ce qui lui a été donné du ciel. 28 Vous-mêmes m'êtes témoins que j'ai dit: Je ne suis pas le Christ, mais j'ai été envoyé devant lui. 29 Celui à qui appartient l'épouse, c'est l'époux; mais l'ami de l'époux, qui se tient là et qui l'entend, éprouve une grande joie à cause de la voix de l'époux: aussi cette joie, qui est la mienne, est parfaite. 30 Il faut qu'il croisse, et que je diminue.» Jean 3.
«...41 Puis il s'éloigna d'eux à la distance d'environ un jet de pierre, et, s'étant mis à genoux, il pria, 42 disant: Père, si tu voulais éloigner de moi cette coupe! Toutefois, que ma volonté ne se fasse pas, mais la tienne. 43 Alors un ange lui apparut du ciel, pour le fortifier....» Luc 22.
« 19 Jésus lui répondit: Pourquoi m'appelles-tu bon? Il n'y a de bon que Dieu seul.» Luc 18.

« Le cours du monde est donc d'une part l'individualité singulière qui recherche son propre plaisir et sa propre jouissance, trouve en agissant ainsi son propre déclin et par là même satisfait l'universel. Mais la réalité effective est seulement la singularité du plaisir et de la jouissance. - D'autre part, le second moment du cours du monde est l'individualité qui

en soi et pour soi veut être loi, et dans cette prétention trouble l'ordre constitué; la loi universelle réussit bien à se maintenir contre cette présomption personnelle et n'émerge plus comme une nécessité morte, mais comme nécessité dans la conscience même. Mais quand elle existe comme réalité effective absolument contradictoire dans un état conscient, elle est la folie, et quand elle est comme réalité effective objective, elle est l'être-perverti en général.» <u>La Phénoménologie de l'Esprit</u>*. Georg Wilhelm Friedrich Hegel.*

« 50 Ce que je dis, frères, c'est que la chair et le sang ne peuvent hériter le royaume de Dieu, et que la corruption n'hérite pas l'incorruptibilité. 51 Voici, je vous dis un mystère: nous ne mourrons pas tous, mais tous nous serons changés, 52 en un instant, en un clin d'œil, à la dernière trompette. La trompette sonnera, et les morts ressusciteront incorruptibles, et nous, nous serons changés.... » 1 Corinthiens 15.

La conscience vertueuse n'a pas ce type d'effectivité ou ce type de pouvoir, ni pour imposer le bien, ni pour imposer le mal. Elle est seulement suggestive de ce qu'elle prend pour le bien. Donc, elle n'a pas d'effectivité définie, elle ne fait pas de miracles. De même, elle ne subit l'effectivité de personne. Elle n'est carrément pas impliquée dans la vie séculaire. Elle est une conscience simple, sans plus. Cette effectivité plutôt passive de la conscience vertueuse n'est ainsi ni le fait de faire le frais des autres, ou de se laisser piétiner par les autres, et non plus la puissance ou la détermination à imposer le bien, la justice et le vrai par la force. C'est un culte pour lequel la liberté des autres vaut autant que la sienne-propre. Dans la liberté des autres, la vertu voit la même liberté qui pourrait être la sienne, et partout où elle est, la liberté est toujours la même liberté qu'il ne faut en aucun cas malmener. Ce culte fait de la liberté la chose sacrée, il la valorise indifféremment de celui à qui elle appartient. Elle vaut en elle-même, non pas seulement comme la liberté de quelqu'un. C'est en fait de la meme liberté dont tous les gens sont libres. Du coup quand je me mutile la liberté d'autrui, la mienne-propre s'en ressent. Avec ce culte à la liberté, c'est la justice et l'observation du droit qui est à l'œuvre et qui s'actualise. Le comportement de l'individu s'est transformé de façon à réserver une place de choix au droit et à la justice.

« C'est quand le droit est pour moi en soi et pour soi que je suis à l'intérieur de la substance éthique; et cette substance éthique est ainsi l'essence de la conscience de soi; mais cette conscience de soi est à son tour la réalité effective de cette substance, son être-là, son Soi et sa volonté. » <u>La Phénoménologie de l'Esprit</u> Georg Wilhelm Friedrich Hegel.
« La vertu ne ressemble pas seulement à ce combattant dont la seule affaire dans la lutte est de garder son épée immaculée, mais elle a aussi entrepris la lutte pour préserver les armes; et non seulement elle ne peut pas faire usage de ses armes propres, mais elle doit encore maintenir intactes celles de son ennemi et les protéger contre sa propre attaque, car toutes sont de nobles parties du bien pour lequel elle s'est mise en campagne. » <u>La Phénoménologie de l'Esprit</u> Georg Wilhelm Friedrich Hegel.

La conscience éthique pour qui la pratique du bien est devenue une habitude, dispose bien de la justice et est conforme à elle selon ses convictions, mais ne fait que la suggérer. Elle ne dispose pas du pouvoir d'imposer aux autres de faire de même. Elle dispose de cette effectivité seulement comme une suggestion. Ce baptême souple dans son actualisation, est le baptême de l'eau, la manière de Jean d'inciter les gens à la vertu, à la douce. En réalité, il ne faut pas seulement suggérer le bien; si c'est bien le bien, il a force de loi, donc il faut l'imposer de force, par le baptême de feu. Mais c'est l'effectivité réelle qui accomplit cette tâche.
Par contre, la vertu annonce déjà ce qu'elle sera ou ce qu'elle fera à l'avenir. Elle annonce à l'avance ce qu'elle deviendra quand elle se sera accomplie comme conscience effective. Les autres individus peuvent voir quels sont ces projets à venir, alors qu'elle-même, n'en sait rien pour l'instant. Ou plutôt, elle a déjà cette effectivité, mais du fait qu'elle n'en sache rien, cela enlève à son influence le pouvoir compulsif ou contraignant de la loi.

« L'ignorance de cette conscience au sujet de ce qu'elle dit réellement sont la même conjonction du sublime et de l'infime que la nature exprime naïvement dans l'organisme vital par la conjonction de l'organe de la suprême perfection, celui de la génération, avec l'organe de l'urination. Le jugement infini, comme infini, serait l'accomplissement de la vie se

comprenant soi-même; mais quand la conscience de la vie reste dans la représentation, elle se comporte comme la fonction de l'urination. » <u>La Phénoménologie de l'Esprit</u> 287 Georg Wilhelm Friedrich Hegel.

La conscience vertueuse est ainsi le présage annonciateur de l'esprit effectif. Lorsqu'une conscience est devenue vertueuse, cela signifie que quelque chose est en cours de préparation au sein de cette conscience, que quelque chose d'inéluctable est en voie d'arriver. Elle est ce présage car à partir d'elle, il n'y a plus rien pour empêcher à cette chose d'arriver, il n'existe aucun risque pour que cette chose n'arrive pas, et le chemin qui mène à cette chose ainsi que le délai sont réduits à leur strict minimum. Mais surtout, la vertu est le passage obligé sans lequel l'accès à l'accomplissement de soi est simplement et purement verrouillé.

«…29 Et tout le peuple qui l'a entendu et même les publicains ont justifié Dieu, en se faisant baptiser du baptême de Jean; 30 mais les pharisiens et les docteurs de la loi, en ne se faisant pas baptiser par lui, ont rendu nul à leur égard le dessein de Dieu.» Luc 7.

« 11 Je vous le dis en vérité, parmi ceux qui sont nés de femmes, il n'en a point paru de plus grand que Jean-Baptiste. Cependant, le plus petit dans le royaume des cieux est plus grand que lui » Matthieu 11.

« 32 Instruisez-vous par une comparaison tirée du figuier. Dès que ses branches deviennent tendres, et que les feuilles poussent, vous connaissez que l'été est proche. 33 De même, quand vous verrez toutes ces choses, sachez que le Fils de l'homme est proche, à la porte. 34 Je vous le dis en vérité, cette génération ne passera point, que tout cela n'arrive. 35 Le ciel et la terre passeront, mais mes paroles ne passeront point.» Matthieu 24.

«…19 Celui donc qui supprimera l'un de ces plus petits commandements, et qui enseignera aux hommes à faire de même, sera appelé le plus petit dans le royaume des cieux; mais celui qui les observera, et qui enseignera à les observer, celui-là sera appelé grand dans le royaume des cieux. 20 Car, je vous le dis, si votre justice ne surpasse celle des scribes et des pharisiens, vous n'entrerez point dans le royaume des cieux. » Matthieu 5.

« C'est de la vertu maintenant que l'universel doit recevoir son authentique réalité effective, et il doit la recevoir grâce à la suppression de l'individualité, du principe de perversion; le but de la vertu est donc de pervertir encore une fois le cours perverti du monde. » <u>La Phénoménologie de l'Esprit</u> Georg Wilhelm Friedrich Hegel.

« Les individus disparaissent devant la substantialité de l'ensemble et celui-ci forme les individus dont il a besoin. Les individus n'empêchent pas qu'arrive ce qui doit arriver. » <u>La Raison dans l'Histoire</u> Georg Wilhelm Friedrich Hegel.

Quand une conscience ne sait pas reconnaitre en elle-même qu'elle est parvenue à ce stade, ou si elle ne sait pas reconnaitre ce stade chez un autre individu, quand donc elle ne sait pas dénoter le saint présage de l'esprit effectif, elle ne saurait pas non plus reconnaitre son avènement quand à son jour il se sera manifesté, chose qui est inéluctable. Le châtiment auquel elle s'expose alors c'est qu'elle se serait privée du moyen de s'unifier à soi-même. Ce tourment n'est pas le feu brulant de la foudre d'une tierce personne qui de l'extérieur pénalise cette conscience, mais le poids du remords de n'avoir pas été à la hauteur de ce qui lui était pourtant accessible et se fut gratuitement offert à elle, le sentiment de n'avoir pas pu mettre la main sur l'essentiel, d'avoir laissé s'échapper une occasion ultime, le remords de n'avoir pas pu faire ce qu'elle pouvait pourtant faire et qui est important au plus haut point. Tout louper comme ça, bêtement, juste à cause d'un défaut de sérieux ou parce qu'on était trop diverti, mais non pas parce que la chose n'était pas à portée! Il aurait suffi à l'individu de faire quelque chose de banal pour saisir une chance incommensurable; il ne l'a pas faite, et maintenant le prix à payer est infiniment plus lourd que mille fois la faute commise. Il semble qu'il va devoir en payer le prix pendant toute sa vie et la vie d'après. De cette façon, il lui a été interdit d'être heureux. Il n'est plus habileté qu'à se nuire soi-même, c'est-à-dire à se mutiler pour se punir de sa faute grave d'avoir manqué au rendez-vous avec soi-même. Son remords est tel qu'il ne se pardonne pas sa faute. Il voudrait trouver les manières les plus subtiles de se faire soi-même du mal pour punir celui qui a commis cette faute grave au plus haut niveau, bien que et même si c'est lui-même qui est ce fautif. Cette conscience coupable et culpabilisante s'impose de se voir indigne devant l'esprit effectif ou l'Universel. Elle devient convaincue qu'il y a une inimitié de longue date entre elle et lui, et se croit obligée de commettre le mal d'une manière ou d'une autre, se voyant destinée à cela, c'est-à-dire bien que ce ne soit pas au gout de la personne elle-même, et même si ce sera à regretter. On se trouve de la sorte dans la conviction qu'il y a un état de guerre entre soi-même et Dieu, et l'individu est certain que Dieu a une rancœur contre l'individu, bien que ça n'a jamais été le cas. Il s'interdit de s'approcher de lui, de venir à lui, sans savoir pourquoi, mais en sachant très bien que c'est ce qu'il y a de mieux à faire. Il se croit destiné par Dieu à aller dans le mauvais sens. Il sait que ça ne peut pas être ainsi, mais il reste convaincu de cela.

On fait tout cela pour se punir soi-même d'avoir manqué de saisir le moment unique quand s'offrait gratuitement l'immédiateté de l'unité de la certitude de soi-même, en se nuisant à soi-même, en se tendant des pièges à soi-même. Sans la reconversion, le Moi de l'individu continue de comploter contre lui-même. Il est devenu incapable de s'aimer soi-même. Le Moi ne viendrait pas dire à son individu qu'il lui tend des pièges. S'il lui veut du mal, il passe par l'inconscient pour le faire, il passe par des subtilités pour parvenir à ses fins mesquines et cyniques contre soi-même. Il trouve des manières indues de se jeter dans des embuscades et l'individu débouche sur des infortunes parfois graves, sans savoir comment il est arrivé là. Il n'est pas arrivé là par hasard, c'est son propre Moi qui l'y a mené. Et il savait très bien ce qu'il faisait. Il n'aime pas son individu, c'est tout. Il faut à l'individu d'avoir pansé et guéri la rancœur qu'il a contre soi-même, il lui faut s'être activement réconcilié à lui-même, pour que son Moi ne lui soit plus hostile. Sinon, ce Moi ne se pardonne jamais d'être passé à côté de soi-même. L'unité de soi-même est qui est le Moi, n'est pas au Moi, elle ne lui est pas acquise. Le Moi est pour soi-même seulement un but, et c'est ce qui fait mal au Moi, en sorte qu'il se hait soi-même de ne pas se donner à soi-même, de ne pas se laisser accéder par soi-même. Telle qu'elle est, la personne se moque éperdument de soi-même, c'est en cela que consiste le Moi. S'il n'arrête pas de se haïr soi-même, c'est-à-dire s'il ne se réconcilie pas à soi-même, il pourrait se faire beaucoup de mal à soi-même.

« Ainsi l'esprit s'oppose à lui-même en soi ; il est pour lui-même le véritable obstacle hostile qu'il doit vaincre ; l'évolution, calme production dans la nature, constitue pour l'esprit une lutte dure, infinie contre lui-même. Ce que l'esprit veut, c'est atteindre son propre concept ; mais lui-même se le cache et dans cette aliénation de soi-même, il se sent fier et plein de joie. » <u>Philosophie de l'histoire</u> Georg Wilhelm Friedrich Hegel.

Le Concept du Christ ou la figure centrale de la conscience.

- Allégories

De même que la vertu a pour fonction de fabriquer de la joie, la fonction de la raison est de fournir de la force vitale. Elle procure l'affermissement qui permet de fixer la substance individuelle sur soi-même pour permaner la joie produite par la vertu. Si on envisage le développement de la conscience sous l'angle de la temporalité, il faut s'attendre à une passation de service entre la vertu et l'effectivité. Mais d'un point de vue atemporel, la vertu et la raison travaillent de concert pour produire, assembler et stocker la substance de l'individu. Si donc la vertu est prise pour une période transitoire, on peut dire que la conscience vertueuse n'était pas une conscience vraie, elle tendait à l'être en s'accomplissant dans l'effectivité comme raison.

« *25 Or, il s'éleva de la part des disciples de Jean une dispute avec un Juif touchant la purification. 26 Ils vinrent trouver Jean, et lui dirent: Rabbi, celui qui était avec toi au-delà du Jourdain, et à qui tu as rendu témoignage, voici, il baptise, et tous vont à lui. 27 Jean répondit: Un homme ne peut recevoir que ce qui lui a été donné du ciel. 28 Vous-mêmes m'êtes témoins que j'ai dit: Je ne suis pas le Christ, mais j'ai été envoyé devant lui. 29 Celui à qui appartient l'épouse, c'est l'époux; mais l'ami de l'époux, qui se tient là et qui l'entend, éprouve une grande joie à cause de la voix de l'époux: aussi cette joie, qui est la mienne, est parfaite. 30 Il faut qu'il croisse, et que je diminue.* » Jean 3.
« *7 Donner à l'empire de l'accroissement, Et une paix sans fin au trône de David et à son royaume, L'affermir et le soutenir par le droit et par la*

justice, Dès maintenant et à toujours: Voilà ce que fera le zèle de l'Eternel des armées.» Ésaïe 9.
« 28 Je leur donne la vie éternelle; et elles ne périront jamais, et personne ne les ravira de ma main.» Jean 10.

Le terme de vérité et celui de raison sont interchangeables. Ils signifient la même chose. Lorsqu'on dit de quelque chose qu'elle est vraie, on veut dire que cette chose est une manifestation particulière de la raison. Pour déterminer si quelque chose est vraie, il faut et il suffit de vérifier, attester puis confirmer en disant que cette chose est effectivement vraie. Par contre pour définir ce qu'est la vérité en elle-même sans être rapportée à quelque chose, c'est un peu plus compliqué.

«...37 Pilate lui dit: Tu es donc roi? Jésus répondit: Tu le dis, je suis roi. Je suis né et je suis venu dans le monde pour rendre témoignage à la vérité. Quiconque est de la vérité écoute ma voix. 38 Pilate lui dit: Qu'est-ce que la vérité? Après avoir dit cela, il sortit de nouveau pour aller vers les Juifs, et il leur dit: Je ne trouve aucun crime en lui. » Jean 18.

La vérité est ce qui est. Tout ce qui est, est vrai. C'est seulement ce qui n'est pas qui est faux. Seulement, on ne sache rien qui ne soit pas. Peut-être que ça existe bien, mais personne n'en a jamais entendu parler. Sitôt qu'on évoque ce qui n'est pas, ça a déjà commencé à être, et il faut le classer au nombre des choses qui sont. C'est le non-être dont on suspecte qu'il ne soit pas, mais ce néant aussi est, avec cette caractéristique de n'être que néant. Quand l'ontologie a cherché à trouver ce qui est ou ce qu'est l'Etre, cherché à définir l'Etre, elle a découvert qu'il n'est même pas, ou qu'il est un non-être. En cherchant l'Etre, elle a débouché sur le non-être, découvert que le non-être existe bel et bien, et que son être est d'être l'Etre. Mais puisque l'Etre est un non-être, c'est qu'il n'est pas. Et puisque le non-être est l'Etre, dont on sait qu'il n'est pas, c'est que lui non plus n'est pas. Donc tous deux ne sont pas. L'Etre comme le non-être ou le néant, ne sont tous deux pas. L'Etre est le non-être, c'est-à-dire n'est pas; tout comme le non-être n'est pas parce qu'il est quelque chose qui plutôt est. L'Etre n'est donc pas la vérité ou n'est pas. Le non-être non plus n'est pas la vérité parce qu'il est alors qu'il était sensé ne pas être. Aucun d'eux n'est ce qu'il était sensé être. Ils sont tous deux faux, et ne définissent pas la vérité en soi. L'un est l'autre, ce qui fait entrevoir la possibilité de leur union. Cette unité s'établit de façon indubitable, et est, elle, bien réelle. C'est elle qui définit ce qu'est la vérité en soi. L'unité de l'Etre et du non-être est l'être vrai, mais c'est une unité mobile qui chevauche de l'un de ses membres à l'autre; elle est le devenir.

« Si je pose l'Être, aussitôt s'y oppose le Néant mais ils s'unissent dans le Devenir qui se divise pourtant en Moments que rassemble la présence durable de l'Être-là. Le suivant se lit en sens inverse : Si je pose l'Être-là (=Être-en-soi) alors s'oppose l'Être-pour-autre-chose qui s'unit avec l'Être-en-soi dans la Réalité qui se divise encore de l'Être-dans-soi mais se rassemble dans la stabilité d'un quelque-chose. » <u>Doctrine de l'Etre</u> *Georg Wilhelm Friedrich Hegel.*

« En effet, l'Etre ne disparait pas, comme on pourrait le croire, dans l'idée du non-être ou du néant que nous lui opposons. Il subsiste, mais en même temps il est modifié. Au lieu de l'Etre et du néant opposés l'un à l'autre que avions d'abord, nous avons à présent l'Etre qui va au néant et le néant qui va à l'Etre. Nous assistons en quelque sorte à l'enfantement progressif du rien par l'Etre et de l'Etre par le rien; nous suivons les transformations de l'Etre qui passe au néant et du néant qui devient l'Etre ; ce qui nous apporte évidemment l'idée d'un mouvement continuel de l'un vers l'autre, ou le passage d'une forme à une autre forme qui ne s'arrête jamais pour nous laisser le temps de le saisir et nous donner le droit de dire qu'il est. » <u>La logique subjective.</u> *Georg Wilhelm Friedrich Hegel.*

« Le devenir est l'expression vraie du résultat de l'être et du néant, en tant qu'il est leur unité; il n'est pas seulement l'unité de l'être et du néant, il est l'inquiétude en elle-même, l'unité qui n'est pas simplement, comme relation à elle-même, immobile, mais qui grâce à la distinction entre être et néant que contient le devenir, s'oppose elle-même à elle-même. » <u>Encyclopédie</u> *147 Georg Wilhelm Friedrich Hegel.*

Ainsi conçue la vérité comme devenir, en la rapatriant dans la conscience qui l'a conçue, on découvre que la conscience est un être en devenir. Pour être vraie, une conscience ne reste pas dans une identité à soi statique, elle est un être en devenir. Tout d'abord, la conscience est un être, ou est l'Etre. Mais comme ça, elle n'est plutôt pas; ce n'est pas son existence authentique. Quand elle subit des changements, son être en mouvement, c'est cela son son être réel. Dans ce devenir, elle agit, elle ne fait pas que subir.

« La nature originaire est l'être, soit de l'individualité comme telle, soit de l'individualité comme œuvre; mais l'opérer, par contre, est le concept originaire comme absolu passage, ou comme le devenir.»
<u>La Phénoménologie de l'Esprit</u> *Georg Wilhelm Friedrich Hegel.*
« La vérité consiste seulement en l'unité de la conscience avec le fait d'opérer, et l'œuvre vraie est seulement cette unité de l'opérer et de l'être, du vouloir et de l'accomplir. » <u>La Phénoménologie de l'Esprit</u> *Georg Wilhelm Friedrich Hegel.*

Alors qu'on dit de telle ou telle chose qu'elle est vraie ou non, c'est la conscience qui est la vérité en elle-même, mais elle ne l'est qu'en tant qu'elle opère. Les choses matérielles ou déterminités physiques sont vraies comme des vérités partielles et parcellaires, alors que la personne représente la vérité totale. Quand on dit de quelque chose que c'est vrai, ça ne veut pas dire qu'elle est la vérité totale; beaucoup d'autres choses sont vraies à droit égal; seule une personne peut être totalement la vérité entière. Une personne est appelée à être complètement, absolument vraie, c'est-à-dire à être la vérité personnifiée, ou la vérité vivante. Quand une personne est vraie ou s'est accomplie comme telle, en ce moment elle a raison.

On pose que toute personne est a priori vraie, ou qu'elle est la vérité en puissance; c'est-à-dire que chacun peut prétendre à être vrai. Mais ensuite il faut le prouver ou l'être effectivement, pour que ça n'en reste pas qu'aux mots ou qu'à la prétention. L'existence réelle se trouve donc dans les actes, dans l'Agir ou l'Opérer. L'accomplissement de l'individu comme vérité est le moment quand il se serait prouvé être un vrai gars par ses actes et son œuvre. La raison était d'abord une affirmation seulement théorique avant de s'être dégagée de cette assertion abstraite et de s'être posée en acte dans l'œuvre. L'individu devient alors vrai pour de vrai, non pas par prétention.

« 14 Mes frères, que sert-il à quelqu'un de dire qu'il a la foi, s'il n'a pas les œuvres? La foi peut-elle le sauver? 15 Si un frère ou une sœur sont nus et manquent de la nourriture de chaque jour, 16 et que l'un d'entre vous leur dise: Allez en paix, chauffez-vous et vous rassasiez! et que vous ne leur donniez pas ce qui est nécessaire au corps, à quoi cela sert-il? 17 Il en est ainsi de la foi: si elle n'a pas les œuvres, elle est morte en elle-même.» Jacques 2.
« C'est seulement quand la raison, comme réflexion, émerge de cette certitude opposée, que son affirmation de soi ne se présente plus seulement comme certitude et assertion, mais comme vérité. » <u>La Phénoménologie de l'Esprit</u> *Georg Wilhelm Friedrich Hegel.*
« 6 Jésus lui dit: Je suis le chemin, la vérité, et la vie. Nul ne vient au Père que par moi » Jean 14.

Tout ce que fait quelqu'un, s'il n'a pas convaincu les autres d'être vrai, ou d'être un vrai gars, il aurait comme raté sa vie. Il faut qu'il parvienne à un stade où ce n'est pas seulement lui qui dit de lui-même qu'il est vrai, mais ce sont les autres qui se joignent à lui pour l'admettre, sinon, il reste miné par l'incomplet de la destinée. Il serait habité par le sentiment de n'avoir pas atteint ses objectifs. Ce qu'on laisse penser de nous, cela est vital. On fait quelque chose pour être admiré. Pour soi-même, on ne se serait pas donné autant de peine, pas autant. Mais comme ce n'est pas garanti d'être apprécié des autres quoiqu'on ait fait, cela ne change rien à la satisfaction de l'individu quand il s'est acquitté de son œuvre. On ne voudrait pas mourir en ayant laissé derrière soi une mauvaise réputation. Mais si cela est infondé, l'individu n'est pas froissé plus que ça; il se ficherait de ce que les gens pensent de lui. Quand par contre, la mauvaise réputation de la personne est fondée, même si on lui jetait de milliers de fleurs, c'est-à-dire même si les gens avaient été dupés et ne se sont pas rendu compte de la supercherie, à l'intérieur de lui-même, il est habité par la frustration de n'avoir pas été à la hauteur. Il se penserait être un raté, quelqu'un qui aurait raté sa vie. Il est ainsi nécessaire à chacun de se prouver à soi-même et aux autres qu'on est un vrai gars, digne de respect, quelqu'un avec qui il faut compter.

La personne étant la vérité totale en elle-même, et les objets concrets ou les déterminités physiques étant des vérités partielles ou parcellaires, pour obtenir la valeur d'une seule personne, il faut réunir toutes les déterminités physiques, et ajouter à cela le poids de la personne. Donc, la personne pèse forcément plus que le monde entier, elle est la valeur absolue. *« La raison est la certitude de la conscience d'être toute réalité; c'est ainsi que l'idéalisme énonce le concept de la raison. De la même façon que la conscience qui surgit comme raison a immédiatement cette certitude en soi, de la même façon l'idéalisme l'énonce immédiatement : Je = Je. »* <u>La Phénoménologie de l'Esprit</u> Georg Wilhelm Friedrich Hegel.

Le monde extérieur dans son ensemble se tient en face de la conscience. Il est rempli d'objets ou de choses qui sont vraies. Mais la conscience, elle, est tout cela pris ensemble. Elle est comme l'intérieur du monde, le centre invisible de tout, et les objets sont de multiples, d'infinies facettes de sa réalité. Donc, ce qu'est la conscience, ça lui échappe puisque les objets qui sont dans le monde extérieur sont éparpillés et indépendants. Ils sont pour soi comme si ce qu'est la conscience lui échappe. Ce qu'elle est, se trouve partout dans le monde. Cela crée la soif ou allume le désir, et la conscience est saisie de la détermination à retourner à elle toutes ces choses qui sont partie prenante de son être, pour rassembler en elle les multiples choses qu'elle est. Autrement dit, elle est saisie de l'envie de posséder le monde ou de l'avoir à ses pieds. Le monde entier l'intéresse parce qu'elle s'intéresse naturellement à tout ce qui est vrai comme elle, tout ce qui est de même nature qu'elle, ou parce que toute réalité comporte de la substantialité. C'est ainsi qu'elle est naturellement poussée à vouloir conquérir le monde. Toutefois, c'est un objectif irrationnel. A titre de conscience individuelle, une personne ne peut pas être le maitre du monde. Il n'a même pas besoin de cela pour être heureux; il a seulement besoin d'être heureux. Devant ce blocage à ne pas pouvoir posséder le monde, il nous arrive de nous demander ce qu'est la fausseté, de même qu'on se fut demandé ce qu'est la vérité, et qu'on sut que c'est la personne qui l'est. Si donc la personne est vraie, est-ce que quelqu'un ou quelque chose existe qui soit la fausseté? On a besoin de le savoir aussi.

« Mais le pur élément formel sans réalité est l'être de raison, ou l'abstraction vide qui n'a pas en elle la scission, une scission qui ne serait

rien d'autre que le contenu » <u>La Phénoménologie de l'Esprit</u> Georg Wilhelm Friedrich Hegel.

« Le savoir ne connaît pas seulement soi-même, mais encore le négatif de soi-même, ou sa limite. » <u>La Phénoménologie de l'Esprit p310.</u> Georg Wilhelm Friedrich Hegel.

«…43 Pourquoi ne comprenez-vous pas mon langage? Parce que vous ne pouvez écouter ma parole. 44 Vous avez pour père le diable, et vous voulez accomplir les désirs de votre père. Il a été meurtrier dès le commencement, et il ne se tient pas dans la vérité, parce qu'il n'y a pas de vérité en lui. Lorsqu'il profère le mensonge, il parle de son propre fonds; car il est menteur et le père du mensonge. 45 Et moi, parce que je dis la vérité, vous ne me croyez pas.…» Jean 8.

« La raison est la certitude d'être toute réalité. Mais cet en-soi ou cette réalité n'est encore uniquement qu'un universel, et n'est que la pure abstraction de la réalité. » <u>La Phénoménologie de l'Esprit</u> Georg Wilhelm Friedrich Hegel.

« L'idéalisme énonce l'unité simple de la conscience de soi comme étant toute réalité, et en fait immédiatement l'essence sans l'avoir conçue comme essence absolument négative. » <u>La Phénoménologie de l'Esprit</u> Georg Wilhelm Friedrich Hegel.

Cet être du mensonge ou de la fausseté personnifiée, est l'objet illusoire présent dans toute conscience. Quand une conscience est sous son emprise, elle est saisie par l'envie déraisonnable d'avoir le monde à ses pieds. Il miroite à la conscience qu'il suffit qu'elle fasse de lui son objet favori, pour qu'elle puisse mettre le monde à ses pieds. C'est faux bien sûr, mais beaucoup de gens se laisser duper par cette proposition du diable. Leur conscience s'abandonne à cet objet, et sous son emprise, ils obtiennent l'envie de mettre le monde à leurs pieds. C'est pourtant impossible, mais après avoir été traqués, ils ne savent plus se dégager de cet objet de malheur.

C'est l'uniformité de la conscience dans laquelle il n'y a pas de différenciation, parce qu'elle n'est pas devenue négative à l'endroit de soi-même, qui est l'objet illusoire, ou l'être du mensonge. C'est la conscience elle-même en tant qu'elle ne s'est pas scindée. Il n'est pas la réalité authentique d'une conscience. Au départ, toute conscience est un être uniforme et infini, mais de la sorte elle n'est pas un esprit fini. C'est alors que cette conscience se voit comme un être immensément sublime, et elle se complait dans cette sublimation de son être. Elle stagne dans son égalité à soi et reste piégée dans l'immobilisme. Il faut qu'elle se donne les moyens de n'être pas satisfaite de soi-même, et devenir négative, sinon, c'est comme si elle avait cédé à la tentation du diable. Cette tentation consiste pour la conscience à se prendre pour l'être infini qu'elle est effectivement, mais il ne faut pas. Dans cette considération, l'individu se prend pour Dieu. Il est bien un dieu, mais il ne doit pas se prendre pour Dieu. Il doit se prendre pour un homme simple s'il veut devenir raisonnable. En se prenant pour Dieu en secret, il est dans la détermination à vouloir mettre le monde à ses pieds, mais c'est irrationnel comme objectif. On ne peut pas être le maitre du monde, et on n'a pas besoin de ça non plus. Si l'on parvient à être heureux, c'est déjà ça, et comme ça on se fait raisonnable.

« *L'individualité seulement singulière qui n'a d'abord que le pur concept de la raison pour son contenu, au lieu de s'être jetée de la théorie morte dans la vie même, s'est plutôt précipitée dans la conscience de son propre manque de vie, et participe seulement d'une nécessité vide et étrangère, la réalité effective de la mort.* » <u>La Phénoménologie de l'Esprit</u> *Georg Wilhelm Friedrich Hegel.*

« *Il prenait la vie mais ainsi il saisissait plutôt la mort.* » <u>La Phénoménologie de l'Esprit</u> *Georg Wilhelm Friedrich Hegel.*

« *Cette catégorie signifie que l'être et la conscience de soi sont la même essence* » <u>La Phénoménologie de l'Esprit</u> *Georg Wilhelm Friedrich Hegel.*

« *L'esprit en tant que conscience se différencie de lui-même, et c'est par cette différenciation, par cette division de sa subjectivité, qu'il devient esprit fini.* » <u>Esthétique</u> *Georg Wilhelm Friedrich Hegel.*

« *L'esprit appréhende la finitude elle-même comme étant sa négation et atteint ainsi l'infini [.] La nature disons-nous, retourne à sa vérité, et celle-ci est l'esprit [.] Ceci est l'esprit pratique, qui réalise le bien, le vrai et puise sa propre vérité dans l'esprit infini, absolu.* » <u>Esthétique</u> *Georg Wilhelm Friedrich Hegel.*

Ainsi, c'est le point de départ de chacun que d'être habité et courtisé par cette illusion, puisque c'est la conscience elle-même qui est cet objet. C'est bien normal d'être séduit par sa splendeur, mais il ne faut pas y succomber. En se réfléchissant en elle-même, la conscience se trouve comme étant la pure forme, un objet éblouissant, éclatant, luisant, et si la personne est faible, elle pourrait tomber sous son charme et échouer dans le narcissisme qui devient ensuite de l'égocentrencisme. Cet objet a le pouvoir d'obnubiler et de terrasser une conscience. A moins qu'elle ne se ressaisisse, une conscience pourrait céder à soi-même, mais en cela, elle se serait écroulée sous son propre poids. Elle reste alors dans l'objet illusoire qui ne jouit que d'une existence formelle.

L'objet illusoire miroite aux gens leur propre effectivité future. Il leur montre ce qu'ils seront à l'avenir, mais il le montre cette effectivité future sous son beau jour, c'est-à-dire de telle sorte qu'elle ne puisse que les charmer. Il donne un aperçu de ce que sera le futur, mais il parle du futur toujours comme d'un futur radieux. C'est comme quand un serpent se redresse, élève sa silhouette pour regarder ce qui se profile à l'horizon avant de commencer sa course. Avec cette luisance, le vécu s'annonce comme ce qui offrira entière satisfaction à l'individu. S'il croit que les choses se feront roses comme cela se montre dans l'objet illusoire, l'individu s'abandonne à cette promesse, mais c'est alors un faux départ. La conséquence c'est que l'individu ne se sera pas soi-même surmonté, et son soi aurait eu le dessus sur lui; c'est-à-dire qu'il n'aura pas acquis la maitrise sur soi-même, mais que son soi est devenu plus fort que lui. Or cela n'est ni anodin, ni bénin; c'est lourd de conséquences.

Il se crée un rapport à soi-même qui n'est pas négatif, et ce n'est pas là le rapport adéquat d'une conscience. Devant sa propre effectivité, on devrait pouvoir résister, tenir front à soi-même comme si on ne s'aimait pas soi-même, comme si on ne se laissait pas faire, comme si on se retenait et comme si on n'appréciait pas sa propre vie. Le cas échéant, on prend les choses à la légère, dans l'illusion que la vie en général, est un havre de paix ou un lieu de villégiature. Cette vision de la réalité est totalement erronée. La réalité vivante n'est rien moins qu'une jungle, et il faut se mobiliser de bon matin pour se préparer à faire face aux défis du futur. Le jeune âge est la période cruciale quand on puisse le mieux travailler ses aptitudes, mais quand on dort sur ses deux lauriers, plutard quand on se rend compte de la réalité de la vie, il est déjà trop pour acquérir la plupart d'aptitudes qu'exigent ses défis. A partir d'un certain âge, beaucoup de portes sont déjà définitivement fermées.

D'autre part, l'objet illusoire se montre à la conscience comme si c'était le trône de Dieu. Si on ne fait pas attention, on s'y assied. Si on montre à quelqu'un le trône de Dieu et qu'on lui dit de s'y assoir, s'il est sot, il pourrait s'y assoir bien qu'il sache qu'il n'est pas Dieu. Quand Jésus a été invité à s'y assoir, c'est-à-dire quand il a été tenté, il n'a pas cédé. Nous tous, nous sommes aussi tentés par le même phénomène. Il est demandé à l'individu s'il veut avoir le maximum de pouvoirs possibles. Mais il n'y a qu'un pouvoir qui vaille la peine d'être sollicité, et c'est de lui que dépendent tous les autres pouvoirs. Ce pouvoir est l'essence typique et authentique de l'homme. C'est le pouvoir sur soi-même ou la raison. On comprend Dieu comme ayant le pouvoir de tout pouvoir faire. Mais comme ça, on le comprend mal. Son pouvoir central c'est le self-control. Il n'est jamais emporté, n'agit jamais sur un coup de tête, ne perd jamais son tempérament. Il ne s'embarrasse pas du temps, garde toujours la tête froide et la pleine conscience de lui-même en toutes circonstances, et cela lui importe plus que tout. Il veille là-dessus, ça ne lui est pas donné, il se le donne soi-même par l'effort à le maintenir intact pour la simple raison qu'il y tient de tout son cœur.

«1 Après avoir autrefois, à plusieurs reprises et de plusieurs manières, parlé à nos pères par les prophètes, Dieu, 2 dans ces derniers temps, nous a parlé par le Fils, qu'il a établi héritier de toutes choses, par lequel il a aussi créé le monde, 3 et qui, étant le reflet de sa gloire et l'empreinte de sa personne, et soutenant toutes choses par sa parole puissante, a fait la purification des péchés et s'est assis à la droite de la majesté divine dans les lieux très hauts, 4 devenu d'autant supérieur aux anges qu'il a hérité d'un nom plus excellent que le leur.

5 Car auquel des anges Dieu a-t-il jamais dit: Tu es mon Fils, Je t'ai engendré aujourd'hui? Et encore: Je serai pour lui un père, et il sera pour moi un fils?
6 Et lorsqu'il introduit de nouveau dans le monde le premier-né, il dit: Que tous les anges de Dieu l'adorent!
7 De plus, il dit des anges: Celui qui fait de ses anges des vents, Et de ses serviteurs une flamme de feu.
8 Mais il a dit au Fils: Ton trône, ô Dieu, est éternel; Le sceptre de ton règne est un sceptre d'équité;
9 Tu as aimé la justice, et tu as haï l'iniquité; C'est pourquoi, ô Dieu, ton Dieu t'a oint D'une huile de joie au-dessus de tes égaux.
10 Et encore: Toi, Seigneur, tu as au commencement fondé la terre, Et les cieux sont l'ouvrage de tes mains;
11 Ils périront, mais tu subsistes; Ils vieilliront tous comme un vêtement,
12 Tu les rouleras comme un manteau et ils seront changés; Mais toi, tu restes le même, Et tes années ne finiront point.
13 Et auquel des anges a-t-il jamais dit: Assieds-toi à ma droite, jusqu'à ce que je fasse de tes ennemis ton marchepied?
14 Ne sont-ils pas tous des esprits au service de Dieu, envoyés pour exercer un ministère en faveur de ceux qui doivent hériter du salut? »
Hébreux 1.

Les pouvoirs, les aptitudes extraordinaires sont d'application dans ce bas-monde. Avec une boulimie de ces pouvoirs, on se prouve s'intéresser exagérément à la vie séculaire, dans le but de conquérir et de contrôler le monde. Mais il y a un choix à faire entre soi-même et le monde, et on devrait se préférer au monde. Dans la volonté de puissance, on jette son dévolu sur le monde aux dépens de soi-même. Abstraitement, l'ensemble des pouvoirs extraordinaires se représentent comme assemblés sur le trône de Dieu. Quand donc on veut avoir le monde à ses pieds, on serait tenté de s'assoir sur le trône de Dieu et acquérir ses pouvoirs en guise de moyens. Vouloir le monde à ses pieds et se prendre pour Dieu, c'est la même chose, c'est le trône de Dieu. Et beaucoup de gens s'y asseyent, ce qui les déchoit du pouvoir sur eux-mêmes. Par égard à lui-même, Dieu lui-même ne s'assoit pas sur son trône. Il ne s'autorise pas à s'assoir sur son propre trône parce que ce n'est pas cela qui lui donne son pouvoir omnipotent. Au contraire, il refuse son trône, et c'est ainsi qu'il crée son propre pouvoir, en se niant soi-même. Il étend ainsi sa domination jusque sur lui-même, et partant, sur tout, puisqu'il est le Tout. Son rapport devient comme s'il était à l'encontre de soi-même ou contre soi-même. Il ne se laisse pas leurré ou bluffer, même pas par lui-même. Ou, il ne se laisse pas dominer par lui-même; c'est lui qui domine et règne sur lui-même au lieu que ce soit le contraire. Il y a là une nuance subtile. Si par exemple il n'avait pas ce pouvoir sur lui-même, il allait être à des fois tenté à abuser de ses propres pouvoirs, et par là, à ne pas être juste parfois. Ce contrôle sur soi passait par le fait de savoir se dire non à soi-même quand il le faut.

« 6 lequel, existant en forme de Dieu, n'a point regardé comme une proie à arracher d'être égal avec Dieu, 7 mais s'est dépouillé lui-même, en prenant une forme de serviteur, en devenant semblable aux hommes; 8 et ayant paru comme un simple homme, il s'est humilié lui-même, se rendant obéissant jusqu'à la mort, même jusqu'à la mort de la croix. 9 C'est pourquoi aussi Dieu l'a souverainement élevé, et lui a donné le nom qui est au-dessus de tout nom, 10 afin qu'au nom de Jésus tout genou fléchisse dans les cieux, sur la terre et sous la terre, 11 et que toute langue confesse que Jésus-Christ est Seigneur, à la gloire de Dieu le Père.» Philippiens 2.

Quand donc le diable invita Jésus à exercer ses pouvoirs, il se refusa à le faire. Ce n'est pas qu'il ne le pouvait pas, mais il se retenait de le faire. Il ne tint pas à se prouver avoir tant de pouvoirs. Il se distançait de ses propres pouvoirs. Il s'empêchait en fait de se faire Dieu. De cette façon, Jésus refusa, renonça à être lui-même. Il refusait de céder à soi-même, et c'est ce rapport négatif à soi-même qui est le rapport adéquat. C'est en cela que consiste le fait d'être le divin, ce fait de se différencier de soi-même, de prendre ses distances par rapport à soi-même. Quelqu'un d'autre se serait hâté de se saisir de tant de pouvoirs pour être puissant et se prouver puissant. Comme ce n'est pas évident de résister à soi-même, il arrive plus souvent qu'on cède à soi-même, et de la sorte on aura été tenté. En conséquence, on ne gagne pas la maitrise sur soi-même; or c'est cette maitrise de soi, ce pouvoir sur soi-même qui est la raison. Par ce pouvoir, on est plus fort que soi-même et on ne se laisse pas dominer par soi-même. On se contrôle soi-même. La Raison est la divinité dans la conscience, l'objet sacré. On a vu que Dieu en a fait son objet favori dans le fait de veiller à toujours avoir la maitrise sur soi-même, pour ne pas abuser de ses pouvoirs et basculer dans l'injustice. Il s'efforce de s'empêcher à la perdre, il en fait sa chose la plus précieuse. Une conscience qui a perdu la raison, ça va sans commentaires.

« 1 Jésus, rempli du Saint-Esprit, revint du Jourdain, et il fut conduit par l'Esprit dans le désert, 2 où il fut tenté par le diable pendant quarante jours. Il ne mangea rien durant ces jours-là, et, après qu'ils furent écoulés, il eut faim. 3 Le diable lui dit: Si tu es Fils de Dieu, ordonne à cette pierre qu'elle devienne du pain. 4 Jésus lui répondit: Il est écrit: L'Homme ne vivra pas de pain seulement.
5 Le diable, l'ayant élevé, lui montra en un instant tous les royaumes de la terre, 6 et lui dit: Je te donnerai toute cette puissance, et la gloire de ces royaumes; car elle m'a été donnée, et je la donne à qui je veux. 7 Si donc tu te prosternes devant moi, elle sera toute à toi. 8 Jésus lui répondit: Il est écrit: Tu adoreras le Seigneur, ton Dieu, et tu le serviras lui seul.
9 Le diable le conduisit encore à Jérusalem, le plaça sur le haut du temple, et lui dit: Si tu es Fils de Dieu, jette-toi d'ici en bas;
10 car il est écrit: Il donnera des ordres à ses anges à ton sujet, Afin qu'ils te gardent;
11 et: Ils te porteront sur les mains, De peur que ton pied ne heurte contre une pierre.
12 Jésus lui répondit: Il est dit: Tu ne tenteras point le Seigneur, ton Dieu.
13 Après l'avoir tenté de toutes ces manières, le diable s'éloigna de lui jusqu'à un moment favorable. » Luc 4.

Mais la raison divine ne s'octroie pas une grosse part d'universalité, ne se permet d'avoir des pouvoirs extraordinaires. Ce n'est du moins pas sa priorité. Pourtant, c'est de cette renonciation que découlent tous les pouvoirs de Dieu, puisque c'est cette maitrise sur soi-même qui est son attribut principal. Autrement dit, le divin ne s'autorise pas à être divin, et c'est ainsi qu'il est le divin. Il a une autre idée de ce que devrait être la divinité que nous. Nous, nous pensons que le fait d'être divin consisterait à s'arroger tous les pouvoirs extraordinaires, comme le fait pour Dieu de tout pouvoir faire. C'est bien le cas, Dieu peut tout faire, rien ne lui est impossible; mais c'est en ayant tout le pouvoir restrictif sur soi-même qu'il se donne ces pouvoirs illimités. Il se sert de la raison pour être qui il est. Il peut tout faire, mais il ne s'autorise pas à tout faire. Il faut pour lui que tout reste raisonnable, il n'y a pas de déraison en lui. Par exemple, il ne se permet jamais de faire n'importe quoi, ou à faire de l'injustice. On ne le verra jamais faire ces choses-là. Pourtant, techniquement, ce n'est pas au-dessus de ses pouvoirs; seulement, ce n'est jamais son choix de faire ces choses-là. Donc si on dit qu'il a renoncé à ces pouvoirs et qu'il ne les possède plus, on n'a pas tort. On peut même dire qu'il ne se les est jamais donnés. Donc tous les actes de déraison ne proviennent pas de lui.

« Les lois sont les pensées de sa conscience absolue, qu'elle a elle-même immédiatement. La conscience de soi ne croit pas en elles, car la foi considère bien aussi l'essence, mais une essence étrangère. » <u>La Phénoménologie de l'Esprit</u> *Georg Wilhelm Friedrich Hegel.*
« 11 Les pharisiens survinrent, se mirent à discuter avec Jésus, et, pour l'éprouver, lui demandèrent un signe venant du ciel. 12 Jésus, soupirant profondément en son esprit, dit: Pourquoi cette génération demande-t-elle un signe? Je vous le dis en vérité, il ne sera point donné de signe à cette génération. » Marc 8.
« Il leur répondit: Une génération méchante et adultère demande un miracle; il ne lui sera donné d'autre miracle que celui du prophète Jonas. » Matthieu 12:39.

Le fait de s'arroger toute sorte de pouvoirs est l'irrationalité ou le fait d'être avare en substance universelle. Les animaux se sont donné des pouvoirs au-delà de toute imagination humaine. Ils ont beaucoup plus de pouvoirs que les hommes. Mais ce n'est pas divin, c'est bête. Le poids de cette puissance lourde à porter, pèse sur eux et les abrutit. De toutes les créatures, l'homme est le plus démuni. Les animaux, dès à la naissance sont pourvus de capacités dont on ne sait pas quand est-ce qu'ils ont eu le temps de les apprendre. Ils n'ont pas eu à les apprendre, ce sont des pouvoirs délaissés par Dieu dont ils se sont saisis. Ce sont des pouvoirs impressionnants, mais irrationnels. Ça ne les grandit pas, ça ne les rend pas plus heureux non plus. Leurs sens sont de véritables ordinateurs. Un animal peut entendre quelque chose qui se passe à mille lieues de lui alors que pour l'homme c'est à peine dix mètres d'ouïe; mais c'est raisonnable, ça lui suffit pour mener toute une existence. L'homme est mal pourvu par la nature de tant de pouvoirs parce que sa nature qui est la raison, se prescrit des limites. C'est-à-dire qu'elle ne s'arroge pas tous les pouvoirs possibles, elle se limite au strict nécessaire.

« *10 L'Eternel parla de nouveau à Achaz, et lui dit: 11 Demande en ta faveur un signe à l'Eternel, ton Dieu; demande-le, soit dans les lieux bas, soit dans les lieux élevés. 12 Achaz répondit: Je ne demanderai rien, je ne tenterai pas l'Eternel. 13 Esaïe dit alors: Ecoutez donc, maison de David! Est-ce trop peu pour vous de lasser la patience des hommes, Que vous lassiez encore celle de mon Dieu? 14 C'est pourquoi le Seigneur lui-même vous donnera un signe, Voici, la jeune fille deviendra enceinte, elle enfantera un fils, Et elle lui donnera le nom d'Emmanuel. 15 Il mangera de la crème et du miel, Jusqu'à ce qu'il sache rejeter le mal et choisir le bien. 16 Mais avant que l'enfant sache rejeter le mal et choisir le bien, Le pays dont tu crains les deux rois sera abandonné.* » Ésaïe 7.

« *Qui considère le monde rationnellement, celui-là est aussi considéré rationnellement par lui.* » <u>Philosophie de l'histoire</u> 23 Georg Wilhelm Friedrich Hegel.

« *Cet esprit universel est aussi lui-même un esprit singulier; dans cet être, la substance éthique est une substance limitée, et l'absolue limitation tient précisément au fait que l'esprit est dans la forme de l'être.* »
<u>La Phénoménologie de l'Esprit</u> Georg Wilhelm Friedrich Hegel.

Dans le règne éthique, le pouvoir démesuré ou magique est compris comme de la sorcellerie. C'est le fait de ne pas jouer franc-jeu, en se servant de pouvoirs que l'espèce humaine s'était entendue pour abandonner et conjurer. Pour fonder la société, on s'était entendu pour que chacun renonce à certains pouvoirs. Mais certains hommes ont frauduleusement gardé certains pouvoirs non-autorisés. Ils les emploient dans la vie de tous les jours pour parvenir à leurs fins. Ils mettent en œuvre des pouvoirs mystiques en procédant par de véritables miracles, alors qu'il était convenu de se distancer volontairement de puissances trop dangereuses à manipuler surtout quand elles ne sont pas en de bonnes mains. Ces pouvoirs dangereux finissent par les abrutir parce que c'est une avarice de la substance universelle. Celle-ci est certes magique, elle confère beaucoup de pouvoirs, mais elle est difficile à gérer. Il ne suffit pas d'être le réceptacle de toute cette substance; ensuite il faut la traiter, c'est-à-dire la conscientiser, sinon elle abrutit l'individu en le noyant comme elle le fait déjà avec les animaux. Il ne faut en prendre qu'une portion dont on sait qu'on saura traiter. On n'a pas besoin de toute une quantité. Il y a une mesure à respecter. Cette mesure est la convention sociale, mais les fraudeurs veulent aller au-delà de la mesure pour être puissants.

On ne peut pas employer autant de pouvoir et rester simple, divin et rationnel. Dès qu'on s'empare d'une quantité qui surpasse l'entendement, on devient un sorcier. Dans la vie communautaire un sorcier est un hors-la-loi, un malhonnête, mais il n'est pas forcément un charlatan. Certains sorciers possèdent réellement un pouvoir. De nos jours encore, on fait des miracles avec des pouvoirs magiques, extraordinaires, de la magie noire. Mais cette vocation est le parti pris pour le mal. Ce n'est pas conforme à la convention de l'espèce. Selon la convention, on doit se limiter à la mesure. Quand on s'octroie plus de pouvoir que de mesure, c'est tant mieux pour autant qu'on puisse gérer tout cela. Mais les sorciers ne s'emploient pas au travail que cette substance requiert d'eux. Ils se limitent à mettre en œuvre leur pouvoir. Or l'un ne doit pas aller sans l'autre. On doit pouvoir s'expliquer le pouvoir qu'on possède, c'est-à-dire pouvoir disserter là-dessus. Comme ils n'ont d'yeux que sur les pouvoirs que la substance leur donne, ils cessent d'être des individus simples, ils deviennent mystiques, ce qui n'a rien de catholique. Ils deviennent des sorciers ou des magiciens. Les sorciers, les jeteurs de sort, les envouteurs, les magiciens, les magnétiseurs ne sont pas des hommes simples, ne sont pas des êtres humains normaux parce qu'ils ne remplissent pas les critères de la mesure. Ils emploient de la démesure. Leurs pouvoirs sont illicites parce qu'ils ne sont pas en mesure de les expliquer pour les partager avec l'ensemble de la communauté, ou en déposer les brevets. Ils ne se les expliquent pas, même pas à eux-mêmes; à eux-mêmes ce sont des pouvoirs occultes. Ils ne savent pas là où ça les mènera, car c'est un pouvoir qui a du pouvoir sur eux aussi. Il peut subitement sortir de tout contrôle.

« 5 Les apôtres dirent au Seigneur: Augmente-nous la foi. 6 Et le Seigneur dit: Si vous aviez de la foi comme un grain de sénevé, vous diriez à ce sycomore: Déracine-toi, et plante-toi dans la mer; et il vous obéirait. » Luc 17.

« Selon le premier côté, le but que les impulsions naturelles atteignent est la substance éthique immédiate; mais selon l'autre côté, le but est la conscience de cette substance. » <u>La Phénoménologie de l'Esprit</u> *Georg Wilhelm Friedrich Hegel.*

« De telles descriptions ingénieuses et variées disent bien plus que les qualifications d'assassin, de voleur, de bon cœur, d'intègre, etc., mais elles sont encore beaucoup trop courtes et restreintes pour leur but qui est d'exprimer l'être visé ou l'individualité singulière unique. »
<u>La Phénoménologie de l'Esprit</u> *266 Georg Wilhelm Friedrich Hegel.*
« Mais pour les lâches, les incrédules, les abominables, les meurtriers, les impudiques, les enchanteurs, les idolâtres, et tous les menteurs, leur part sera dans l'étang ardent de feu et de soufre, ce qui est la seconde mort. » Apocalypse 21:8.

C'est la contradiction qui est au principe de l'automouvement de la conscience, ou le processus de changement et de perfectionnement de soi. C'est elle qui enclenche le devenir et l'amélioration de soi. Quand tout va bien au contraire, l'objet illusoire qui est informe et continu apparait à la conscience et celle-ci ne se voit que comme uniforme et impeccable; mais alors il ne se passe rien parce qu'il n'y a justement pas de problème; or c'est ça le problème. Il faut à l'esprit de se nier soi-même, de se différencier de soi-même pour créer de la zizanie à l'intérieur de lui-même. Il lui faut se voir déchiré ou froissé, pour dramatiser sa situation, sentir le besoin de se restaurer par soi-même, et enclencher son activité. Pour l'esprit, c'est ça qui est la vie ou l'Opérer. Puisque l'objet illusoire n'offre pas cette opportunité, c'est à l'individu lui-même de se trouver un prétexte pour provoquer l'automouvement. Seulement, ça ne se réalise pas sur commande. Pour Rimbaud, cela passe par un dérèglement des sens, le fait de se mettre soi-même sens dessus-dessous. Toutefois, on ne sait pas se donner soi-même des problèmes ou se mettre à aimer les souffrances et les tribulations; ce serait faussé parce que les problèmes qu'on aime ne sont pas un problème pour celui qui s'y complait, à moins d'aller plus loin que ça, en s'éloignant complètement du confort comme Siddhârta Gautama. En général, la vie courante se charge de donner à l'individu des prétextes pour que la rage s'accumule en lui. Il ne doit pas repousser ces tracas en les refoulant par des mécanismes de défense du moi. Ces embêtements sont du pain béni, il doit leur faire face. Seulement, tout le monde n'a pas la chance d'avoir des problèmes. La souffrance ne s'intéresse pas à tout le monde. Il y a des gens qui commencent et finissent leur vie tout en rose sans jamais rencontrer le moindre pépin, sans le moins du monde être confronté à des difficultés de toute leur vie; mais ce n'est pas bon pour eux. Ils n'auront pas su ce que c'est que la vie. La vie n'est pas colorée en rose, elle est de toutes les couleurs. Si on vit seulement d'amour et de l'eau fraiche, on ne parvient pas atteindre le sens et la substance de la vie. C'était le sens du vœu de pauvreté. C'est-à-dire que la misère n'a pas pour signification d'avoir été oublié par Dieu, de même que la prospérité n'est pas le gage d'être un élu. Peut-être, peut-être pas. Ce n'est donc pas dans l'apparence des choses qu'il faut aller chercher ce qui a convenu ou non à Dieu.

« ...23 Jésus dit à ses disciples: Je vous le dis en vérité, un riche entrera difficilement dans le royaume des cieux. 24 Je vous le dis encore, il est plus facile à un chameau de passer par le trou d'une aiguille qu'à un riche d'entrer dans le royaume de Dieu. 25 Les disciples, ayant entendu cela, furent très étonnés, et dirent: Qui peut donc être sauvé?...» Matthieu 19.
« 13 Entrez par la porte étroite. Car large est la porte, spacieux est le chemin qui mènent à la perdition, et il y en a beaucoup qui entrent par là. 14 Mais étroite est la porte, resserré le chemin qui mènent à la vie, et il y en a peu qui les trouvent. » Matthieu 7.
« 3 Heureux les pauvres en esprit, car le royaume des cieux est à eux! 4 Heureux les affligés, car ils seront consolés!...» Matthieu 5.
«...mais la Vie est seulement cette unité même, de telle sorte que cette unité n'est pas en même temps pour soi-même. Les membres indépendants sont pour soi; mais cet être-pour-soi est plutôt immédiatement leur réflexion dans l'unité, autant que cette unité est à son tour la scission en figures indépendantes. L'unité est scindée, parce qu'elle est unité absolument négative. » <u>La Phénoménologie de l'Esprit</u> Georg Wilhelm Friedrich Hegel.

« Le besoin de faire s'exprimer la souffrance est condition de toute vérité. Car la souffrance est une objectivité qui pèse sur le sujet, ce qu'il éprouve comme ce qui lui est le plus subjectif, son expression, est médiatisé objectivement » <u>Dialectique négative</u> *p29. Adorno Münster.*
« L'histoire n'est pas le lieu de la félicité. Les périodes de bonheur y sont des pages blanches.» <u>La raison dans l'histoire.</u> *Georg Wilhelm Friedrich Hegel.*
«…2 L'Eternel rebâtit Jérusalem, Il rassemble les exilés d'Israël; 3 Il guérit ceux qui ont le cœur brisé, Et il panse leurs blessures. 4 Il compte le nombre des étoiles, Il leur donne à toutes des noms.…» Psaume 147.
« Il fait la plaie, et il la bande; Il blesse, et sa main guérit.» Job 5:18.
« L'Eternel est près de ceux qui ont le cœur brisé, Et il sauve ceux qui ont l'esprit dans l'abattement.» Psaume 34:18.
« Venez, retournons à l'Eternel! Car il a déchiré, mais il nous guérira; Il a frappé, mais il bandera nos plaies. » Osée 6:1.
«…17 Quand les justes crient, l'Eternel entend, Et il les délivre de toutes leurs détresses; 18 L'Eternel est près de ceux qui ont le cœur brisé, Et il sauve ceux qui ont l'esprit dans l'abattement. 19 Le malheur atteint souvent le juste, Mais l'Eternel l'en délivre toujours. » Psaume 34.
« Les sacrifices qui sont agréables à Dieu, c'est un esprit brisé: O Dieu! tu ne dédaignes pas un cœur brisé et contrit. » Psaume 51:17.
« 3 Heureux les pauvres en esprit, car le royaume des cieux est à eux! 4 Heureux les affligés, car ils seront consolés » Matthieu 5.
«…7 Quelques instants je t'avais abandonnée, Mais avec une grande affection je t'accueillerai; » Ésaïe 54.

Dans la finité, l'individu s'est dressé contre lui-même, il en veut à lui-même, il se hait soi-même, il voudrait être autre chose que ce qu'il est à présent. En cela il a raison, car l'essence est d'être ce qu'on n'est pas, et de n'être pas ce qu'on est. En se haïssant soi-même, il ne fait que s'intéresser à l'essence universelle. Celle-ci a le pouvoir de rompre la continuité de son être et de le finaliser en une négativité déterminée. Ce serait alors l'uniformité de sa conscience ou son égalité à soi qui serait mise à mal pour provoquer une scission et une contradiction en elle, et déclencher le changement qui fera de lui un nouvel homme, ou le fera naitre de nouveau. Sinon, il reste comme il est, et ce n'est pas à son avantage parce que c'est la scission qui est le contenu d'une conscience. Celle qui n'est pas scindée, ne possède aucun contenu; c'est un tonneau vide faisant le maximum de bruit, sans rien apporter de nouveau, sans rien dire qu'on ne savait déjà. Chacun part de rien, démarre en n'étant rien du tout pour devenir quelqu'un ou quelque chose. Il peut aussi rester comme il est, auquel cas il reste un faux type. Il est donc nécessaire que le devenir qui s'applique à briser l'être du mensonge ou le faux gars qu'on était au départ, intervienne dans sa vie, pour le transformer en un vrai. On commence ce massacre de l'être du mensonge en s'attaquant à l'objectif d'avoir le monde à ses pieds. Consciemment ou inconsciemment, cet objectif est naturellement inscrit dans l'agenda de chacun. Dans son plan, l'individu est dans l'attente de la première occasion pour soumettre le monde entier et le contrôler. C'est l'objectif inavoué de chacun de nous. On ne le dévoile pas parce que les circonstances ne s'y prêtent pas encore.

On est naturellement tenté par un secret instinct à vouloir avoir le monde à ses pieds, ce qui est la même chose que de vouloir être Dieu sur terre. On peut aussi appeler cela la volonté de puissance. C'est le désir infantile de devenir le roi du monde, ou d'être le number one, ou le el hombre, l'homme de la situation. Mais on peut appeler cela simplement l'orgueil, comme on en a tous un peu, beaucoup, à la folie. Dans sa légitimité, il est l'appel de l'infini, l'appel téléologique et grandiose de la destinée pour traverser les rivières de Babylone et rejoindre à l'autre rive l'individu qu'on était destiné à être. Mais mal interprété, cet appel de l'infini devient un délire de grandeur, le délire de présomption.

« Le battement du cœur pour le bien-être de l'humanité passe donc dans le déchaînement d'une présomption démente, dans la fureur de la conscience pour se préserver de sa propre destruction - et il en est ainsi parce que la conscience projette hors de soi la perversion qu'elle est elle-même, et s'efforce de la considérer et de l'énoncer comme un Autre. » <u>La Phénoménologie de l'Esprit</u> *Georg Wilhelm Friedrich Hegel.*
« 10 Ayant appelé à lui la foule, il lui dit: Ecoutez, et comprenez. 11 Ce n'est pas ce qui entre dans la bouche qui souille l'homme; mais ce qui sort de la bouche, c'est ce qui souille l'homme. » Matthieu 15.

« *Le clocher solitaire s'élevant au loin dans la vallée a souvent attiré mes regards ; souvent j'ai suivi des yeux les oiseaux de passage qui volaient au-dessus de ma tête. Je me figurais les bords ignorés, les climats lointains où ils se rendent ; j'aurais voulu être sur leurs ailes. Un secret instinct me tourmentait : je sentais que je n'étais moi-même qu'un voyageur, mais une voix du ciel semblait me dire : "Homme, la saison de ta migration n'est pas encore venue ; attends que le vent de la mort se lève, alors tu déploieras ton vol vers ces régions inconnues que ton cœur demande."*
"Levez-vous vite, orages désirés qui devez emporter René dans les espaces d'une autre vie !" Ainsi disant, je marchais à grands pas, le visage enflammé, le vent sifflant dans ma chevelure, ne sentant ni pluie, ni frimas, enchanté, tourmenté, et comme possédé par le démon de mon cœur. » <u>René François René de Chateaubriand.</u>

Lorsque ce secret instinct est mis à mal par la situation réelle de l'individu, il se réfugie dans l'inconscient et il est mis en veilleuse. Il devient un roi là-bas et il prend le contrôle de l'univers mental. En conséquence, l'individu, se sent à l'aise, comme si son désir infantile avait été assouvi. Dans cette complaisance, il s'est abandonné au principe de plaisir. Dans sa tête, il est rien moins qu'un roi. Mais cette solution fictive ne profite pas l'individu, puisque sa situation réelle n'a pas changé. Il est un roi seulement secret, seulement pour lui-même, un roi sans royaume.

« *Son opération propre est d'être libre, sur le trône comme dans les chaînes, au sein de toute dépendance.* » <u>La Phénoménologie de l'Esprit</u> Georg Wilhelm Friedrich Hegel.
« *La liberté dans la pensée a seulement la pure pensée pour sa vérité; elle est donc aussi seulement le concept de la liberté, et non pas la liberté vivante elle-même.* » <u>La Phénoménologie de l'Esprit</u>   Georg Wilhelm Friedrich Hegel.

Puisque l'individu est en fait dans l'attente de la première occasion d'assujettir le monde, c'est-à-dire, puisqu'il est en fait un simple jouet du secret instinct, et puisque ce désir infantile est en fait l'être du mensonge, plutôt que de mettre ce plan en veilleuse, le mieux est de trouver le moyen de le déchirer et d'y renoncer carrément. Il faut aller jusque dans l'inconscient pour retrouver le secret instinct, l'anéantir et instaurer, par-là, le principe de réalité; ce par quoi on aura les pieds sur terre et la tête sur les épaules. Sinon on n'en a pas fini avec l'égocentrisme, et on attend naïvement qu'il arrive un beau jour quand on aura le monde à ses pieds. Ce jour ne viendra pas, pourtant l'inconscient s'active ardemment et sans relâche à préparer ce jour. Donc, de l'intérieur, l'individu ne bénéficie d'aucun repos, occupé à lorgner et à guetter rien moins qu'une vaine fiction. C'est de cette tâche dont il faut décharger son inconscient et lui donner un peu de repos. Mais c'est une idée têtue et coriace. Cela exige de l'individu qu'il retrousse ses manches pour parvenir à bout d'elle, et peut l'occuper peut-être toute sa vie avant d'en avoir fini avec elle. Il aura alors vaincu l'être du mensonge, déminé l'irrationalité qui est la face cachée de l'iceberg de sa conscience.

« 7 Soumettez-vous donc à Dieu; résistez au diable, et il fuira loin de vous. 8 Approchez-vous de Dieu, et il s'approchera de vous. Nettoyez vos mains, pécheurs; purifiez vos cœurs, hommes irrésolus. 9 Sentez votre misère; soyez dans le deuil et dans les larmes; que votre rire se change en deuil, et votre joie en tristesse. 10 Humiliez-vous devant le Seigneur, et il vous élèvera. » Jacques 4.

« Le scepticisme est la réalisation de ce dont le stoïcisme est seulement le concept; dans le scepticisme la complète inessentialité et la dépendance de cet Autre deviennent manifestes pour la conscience. » <u>La Phénoménologie de l'Esprit</u> *Georg Wilhelm Friedrich Hegel.*

« La dialectique, comme mouvement négatif, telle qu'elle est immédiatement, se manifeste d'abord à la conscience comme quelque chose dont elle est la proie, et qui n'est pas par le moyen de la conscience elle-même. Au contraire, comme scepticisme, ce mouvement dialectique est devenu un moment de la conscience de soi; il ne lui arrive donc pas, que ce qui pour elle est le vrai et le réel, disparaisse sans qu'elle sache comment. Grâce à cette négation consciente de soi, la conscience de soi se procure pour soi-même la certitude de sa propre liberté, en produit au jour l'expérience, et, ce faisant, élève cette certitude à la vérité. » <u>La Phénoménologie de l'Esprit</u> *Georg Wilhelm Friedrich Hegel.*

« Le moi se détermine en tant qu'il est relation de négativité à soi-même et c'est le caractère même de cette relation qui le rend indifférent à cette

détermination spécifiée, il sait qu'elle est sienne et idéelle ; il la conçoit comme une pure virtualité par laquelle il n'est pas lié, mais où il se trouve seulement parce qu'il s'y est placé. » <u>Principes de la Philosophie du droit</u> 61 Georg Wilhelm Friedrich Hegel.

« *L'absolue rigidité de la singularité est pulvérisée au contact de la réalité effective, tout aussi dure, mais continue.* » <u>La Phénoménologie de l'Esprit</u> Georg Wilhelm Friedrich Hegel.

«*...24 En vérité, en vérité, je vous le dis, si le grain de blé qui est tombé en terre ne meurt, il reste seul; mais, s'il meurt, il porte beaucoup de fruit. 25 Celui qui aime sa vie la perdra, et celui qui hait sa vie dans ce monde la conservera pour la vie éternelle. 26 Si quelqu'un me sert, qu'il me suive; et là où je suis, là aussi sera mon serviteur. Si quelqu'un me sert, le Père l'honorera.*» Jean 12.

- Savoir transcendantal

Ainsi, la conscience est, à la base, uniforme dans son infinité, impeccable par sa pure forme. Mais privée de scission, elle ne jouit pas d'automouvement, ou n'aurait pas eu la vie en elle-même. Quant à la scission, elle a la signification d'être seulement de la douleur, ou le fait d'avoir un cœur brisé, d'être frustré.

« *Nous savons que nous sommes passés de la mort à la vie, parce que nous aimons les frères. Celui qui n'aime pas demeure dans la mort....* » 1 Jean 3:14.

«*...25 En vérité, en vérité, je vous le dis, l'heure vient, et elle est déjà venue, où les morts entendront la voix du Fils de Dieu; et ceux qui l'auront entendue vivront. 26 Car, comme le Père a la vie en lui-même, ainsi il a donné au Fils d'avoir la vie en lui-même.* » Jean 5.

« *36 Celui qui croit au Fils a la vie éternelle; celui qui ne croit pas au Fils ne verra point la vie, mais la colère de Dieu demeure sur lui.* » Jean 3.

L'homme souhaite que la vie soit un écoulement d'un fleuve tranquille, un écoulement du pur bonheur. Il veut voir la réalité comme le jardin d'éden. On peut le comprendre, mais la réalité est toute autre, et ce n'est pas en la refusant telle qu'elle est, qu'on aura changé l'état des choses. Certes la condition humaine apparait être dure, mais la politique de l'autriche n'aura rien changé aux choses. En fait la condition humaine n'est même pas terrible comme elle apparait, comme si Dieu ne l'avait pas faite parfaite. Telle que Dieu l'a faite, elle est impeccable, et elle n'a pas été changée depuis lors, malgré ce qu'on voit dans l'apparence. Toute la difficulté de la vie a été ravie par l'esprit. Il prend toute la peine, tout le mauvais côté de la vie sur son épaule et l'emmagasine dans l'enfer. Personne ne connait l'enfer et ce qui s'y passe, sauf l'esprit lui-même. Il n'en a pas fait sa demeure, mais de temps en temps il y va pour voir ce qui s'y passe, il n'y reste pas trop longtemps, pas plus longtemps qu'il ne le faut. Il y va pour rétablir une ou deux choses, et dès qu'il a fini son travail, il déguerpit et revient donner des nouvelles aux gens. L'enfer est le moteur de la vie, c'est là-bas ou tout se passe, c'est le milieu universel ou tout se trame. A la surface, c'est-à-dire dans la condition humaine, il n'y a pas de sensibilité. La peine et le plaisir, le bonheur et le malheur y sont le même sentiment, s'expérimentent de la même manière parce que dans cette dimension, la conscience n'a pas de vie. Dans le monde apparent, la conscience est un automate privé de sensibilité réelle. Dans ce monde rien ne se discerne de rien, tout se vit comme la même chose, comme ne le dirait pas l'apparence des choses. Mais il ne faut pas croire l'apparence, elle n'a rien à voir avec la vérité. Quand quelqu'un pleure, cela signifie-t-il qu'il vit mal une réalité ? Peut-être ! Peut-être pas ! Quand quelqu'un rit de belles dents, est-ce à dire que c'est homme heureux ? On n'en sait rien, mais ça ne prouve rien.

« ... il ne se tient pas dans la vérité, parce qu'il n'y a pas de vérité en lui. Lorsqu'il profère le mensonge, il parle de son propre fonds; car il est menteur et le père du mensonge. » Jean 8.

Il faut que le courage admette qu'il y a dans la vie autant de bonheur que de malheur. La vie est un mélange de ces deux choses, mais non pas de façon séparée, plutôt comme un mélange homogène. Il n'y a pas lieu de se dire qu'elle s'est divisée en deux blocs, dont l'un serait le pur bonheur et l'autre l'enfer sur terre. Quand on ne comprend pas la vie comme ce mélange homogène, ceux qui sont dans l'aisance supposée protègeraient jalousement leur chasse-gardée, pensant que si des immigrés s'y introduisaient, ce serait pour saturer ce côté, comme s'il y avait un nombre défini de sièges, et qu'il n'y avait pas assez de place pour toute la misère du monde. Ils se diraient que, puisqu'il y a deux blocs séparés, deux grands pôles, et qu'ils sont, eux, situés sur le pôle de l'aisance, s'il s'opère une surcharge de ce côté, la barque chavirerait, et ce serait tous ensemble qu'on irait à la noyade. Alors ils font tout pour que ceux qui n'y sont pas encore, soient maintenus dans leur misère supposée.

En réalité, la réalité n'est pas ainsi scindée. La vie de chacun est la même réalité effective qui est faite d'un mélange équilibré de bonheur et de malheur, en sorte que la vie est sympathique, ou plutot atone. Ce n'est ni bon ni mauvais, ni trop bon, ni trop malheureux, c'est un savant mélange des deux. Ceux qui sont dans le confort ne le sont qu'en apparence; ils ont leurs mauvais quarts d'heure. Il ne faut pas croire les Mercedes, les chaines en or... etc. Les gens modestes ont des joies simples indicibles à leurs heures; il ne faut pas croire leur crasse, leurs haillons ...etc. La vie a la même saveur pour chacun.

« D'où je viens ?
Très loin
Où je vais
Personne ne le sait...
En attendant je vous dis où je suis

On dit souvent que j'ai l'air d'avoir
Tout pour moi mais c'est sans savoir
Les fantômes qui me hantent et
Les requiem que je me chante
Je joue au dur chaque jour qui passe
Et les pierres de chaque mur, un jour se cassent
Je suis peut-être la roche qu'on croit
Mais je suis plus fragile que je veux qu'on voie
Maman m'a dit avant de partir
Montre jamais tes faiblesses et dans le pire
Reste fort ravale tes larmes
Car ta fierté restera ta plus belle arme
Donc je sais rire quand il le faut
Mais faut pas croire je craque dès qu'on me tourne le dos
Je marche droit pour ne pas plier
D'ailleurs je chante souvent pour ne pas crier

Quand je pense à la vie
J'fais face à mes nuits
Chaque jour qui se lève me dit que
Je suis seul au monde
Y'a rien à faire, j'suis seul au monde
Je veux plus le taire, j'suis seul au monde
Je me sens seul au monde
J'haïs Noël et toutes ses bêtes fêtes de famille
Et tout ce qui rappelle ma plus belle vie
Je suis jaloux de vous les chanceux qui prenez votre chair et votre sang pour acquis
J'ai horreur de votre pitié
Je prends très mal votre générosité
Ça fait déjà un bout que je me suffis
Ce n'est pas vrai mais pour être fort c'est ça que je me dis

Quoiqu'il arrive il faut que je reste dans mon rôle (ouais)
Quoiqu'il arrive il faut pas que je perde mon contrôle (ouais)
Je pense à moi avant le reste du monde
Car avec les années je me suis rendu compte
Que si c'est pas moi ce sera personne
Pas moi ni toi ni personne
Ici-bas c'est chacun pour soit
Pour les pauvres et fiers solitaires comme moi
Quand je pense à ma vie
Seul face à mes nuits
Chaque jour qui se lève me dit que
Je suis seul au monde. » <u>Seul Au Monde</u> Corneille.

Pour définir le vrai, l'ontologie a dû admettre que l'Etre et le néant passaient l'un dans l'autre. La conscience vertueuse qui faisait de la moralité sa carte maitresse, a elle aussi du rendre le tablier et venir à la conclusion qu'il n'y a ni bien ni mal, mais que par-delà le bien et le mal, le bien est seulement leur réconciliation. C'est pareil pour la réalité en général; elle est faite de bon et de mauvais, mais dans l'ensemble, tout est pour le mieux dans le meilleur des mondes. On ne saura pas aménager Mars pour en faire une meilleure planète que celle-ci.

« Considérons cependant le contenu de cette expérience dans son intégralité : ce contenu est l'œuvre qui disparaît; ce qui se maintient, ce n'est pas le fait de disparaître, mais le fait de disparaître est aussi effectivement réel, et attaché à l'œuvre et disparaît lui-même avec celle-ci; le négatif s'enfonce avec le positif dont il est la négation. » <u>La Phénoménologie de l'Esprit</u> *Georg Wilhelm Friedrich Hegel.*

« Au cours de sa lutte la conscience a fait l'expérience que le cours du monde n'est pas si mauvais qu'il en a l'air; sa réalité effective est en effet la réalité effective de l'universel. » <u>La Phénoménologie de l'Esprit</u> *Georg Wilhelm Friedrich Hegel.*

«…18 Et tout cela vient de Dieu, qui nous a réconciliés avec lui par Christ, et qui nous a donné le ministère de la réconciliation. 19 Car Dieu était en Christ, réconciliant le monde avec lui-même, en n'imputant point aux hommes leurs offenses, et il a mis en nous la parole de la réconciliation.» 2 Corinthiens 5.

La réalité extérieure, ou la réalité en général, n'est pas vécue différemment par les uns et les autres comme si le bonheur était réservé aux uns et le malheur aux autres. Chacun vit la même réalité effective. Il n'y a pas plus de bonheur pour un milliardaire que pour un pauvre paysan, parce que la réalité effective est un mélange de tous les bonheurs du monde et de tous les malheurs des hommes, et en elle, le bonheur et le malheur s'annihilent, se neutralisent, s'équilibrent, s'égalisent et deviennent le bien commun, la pitance journalière, le pain quotidien, l'expérience commune et quotidienne de chacun. Chaque fois que quelqu'un s'élance à produire un bien-être, il le déverse dans la réalité effective et fait partager tout cela immédiatement avec chacun. Idem pour le malheur; chaque fois que quelqu'un se fait mal, subit le mal ou fait subir le mal, cela retentit dans la chair de l'humanité entière. C'est dans le même bonheur que chacun mord. *«Chacun y accomplit son œuvre propre en déchirant l'être universel et en en prenant sa part. Or c'est précisément parce que cette substance est l'être résolu dans le Soi qu'elle n'est pas l'essence morte, mais est effective et vivante.»* <u>La Phénoménologie de l'Esprit</u> *Georg Wilhelm Friedrich Hegel.*

Ce bien-être ou mal-être commun indifférencié est la superficie de la conscience, l'écorce de chaque conscience individuelle. Son jus ou sa substance se trouve à l'intérieur; les parts individuelles se trouvent à l'intérieur. L'intérieur de chaque conscience est sa part individuelle en lui. C'est cette harmonie, cet équilibre du bon et du désagréable, du plaisir et de la peine, qui est le bonheur. En lui, il ne fait ni bon ni mauvais. Il est d'ores et déjà à la disposition de tous, bon gré mal gré, c'est-à-dire sans avoir à le décider, et sans qu'on puisse y faire quelque chose. *«Plutôt que de construire son propre bonheur, elle le cueille immédiatement, et immédiatement en jouit...»*. Cependant, pour la conscience elle-même, ce bonheur gratuit est trop facile pour être le bonheur, ce n'est pas une marque distinctive, il est à la portée de chacun, c'est trop banal. Elle ne se satisfait pas d'une telle situation où on est comme obligé d'être heureux, tout ayant été déjà préparé et est prêt à être consommé, et où elle n'a pas son mot dire. Pour elle, le bonheur authentique se trouve dans le fait d'être distingué, dans le fait de sortir du lot, dans la reconnaissance. Non pas la reconnaissance d'avoir fait un exploit quelconque, mais le fait d'être reconnu comme une conscience réelle, le fait d'être vrai. Pour y accéder, il faut pénétrer sa propre conscience.

« La conscience de soi est en soi et pour soi quand et parce qu'elle est en soi et pour soi pour une autre conscience de soi. C'est à dire qu'elle n'est qu'en tant qu'être reconnu.» <u>La Phénoménologie de l'Esprit</u> *Georg Wilhelm Friedrich Hegel.*
« 1 Etant donc justifiés par la foi, nous avons la paix avec Dieu par notre Seigneur Jésus-Christ, 2 qui nous devons d'avoir eu par la foi accès à cette grâce, dans laquelle nous demeurons fermes, et nous nous glorifions dans l'espérance de la gloire de Dieu. 3 Bien plus, nous nous glorifions même des afflictions, sachant que l'affliction produit la persévérance,... » Romains 5.
« 23 Mais l'heure vient, et elle est déjà venue, où les vrais adorateurs adoreront le Père en esprit et en vérité; car ce sont là les adorateurs que le Père demande. 24 Dieu est Esprit, et il faut que ceux qui l'adorent l'adorent en esprit et en vérité.... » Jean 4.
« 22 Les lèvres fausses sont en horreur à l'Eternel, Mais ceux qui agissent avec vérité lui sont agréables. » Proverbes 12.

« 13 Quand le consolateur sera venu, l'Esprit de vérité, il vous conduira dans toute la vérité; car il ne parlera pas de lui-même, mais il dira tout ce qu'il aura entendu, et il vous annoncera les choses à venir. » Jean 16.
«...26 Mais vous ne croyez pas, parce que vous n'êtes pas de mes brebis. 27 Mes brebis entendent ma voix; je les connais, et elles me suivent. » Jean 10.

Ce bonheur gratuit n'est pas considéré par elle pour être un sentiment ou une sensation. Elle le vit plutôt comme seulement l'absence et de la peine et du plaisir à la fois. Elle n'a pas la même interprétation de la sagesse qu'Aristote pour qui *« Le sage poursuit l'absence de douleur et non le plaisir »* Éthique à Nicomaque.

Elle refuse donc ce bonheur gratuit, et c'est une décision grave et lourde de conséquences positives, mais dures à avaler. C'est un suicide de la conscience, le fait de rompre avec la quiétude paisible et de se compliquer la vie, de s'intégrer délibérément dans l'inquiétude. Par-là, la conscience quitte sa superficie et entre en elle-même, pour s'attaquer à son noyau, accéder au fond des choses. Elle vient de s'être scindée, et cela a la signification d'avoir perdu le bonheur gratuit. De même qu'à la surface il fait bon vivre, qu'il pleuve ou qu'il neige, de même, à l'intérieur d'elle, il fait mal vivre et tout n'est qu'inquiétude, quelle que soit la météo; c'est le séjour des morts. A présent, elle est scindée en la vie d'un côté et la mort de l'autre.

« Mais cette suprême preuve par le moyen de la mort supprime précisément la vérité qui devait en sortir, et supprime en même temps la certitude de soi-même en général.» <u>La Phénoménologie de l'Esprit</u> Georg Wilhelm Friedrich Hegel.
« Dans cette expérience, la conscience de soi apprend que la vie lui est aussi essentielle que la pure conscience de soi » <u>La Phénoménologie de l'Esprit</u> Georg Wilhelm Friedrich Hegel.

L'informité de la pure forme signifiait que la conscience était indéterminée et sa substance irrésolue. De la sorte, elle était privée de contenu et de mouvement, était inactive ou sans vie. Elle n'accédait pas à son propre fond. Donc, la réalisation de soi-même consiste à quitter la quiétude qui était au départ, pour se déchirer et se frayer un passage jusqu'à l'intérieur de soi-même. Envisagée comme la conscience totale de départ, elle était un Un indéterminé. Les déterminabilités sont à l'intérieur d'elle, jouissant d'une indépendance totale à son égard, ou lui échappant carrément; elles sont pour soi.

« La conscience de soi est l'unité pour laquelle l'unité infinie des différences est; mais la Vie est seulement cette unité même, de telle sorte que cette unité n'est pas en même temps pour soi-même. Les membres indépendants sont pour soi; mais cet être-pour-soi est plutôt immédiatement leur réflexion dans l'unité, autant que cette unité est à son tour la scission en figures indépendantes. L'unité est scindée, parce qu'elle est unité absolument négative.» <u>La Phénoménologie de l'Esprit</u> *Georg Wilhelm Friedrich Hegel.*

«...pour elle-même, l'opération et son opération effectivement réelle restent une opération mesquine; sa jouissance reste la douleur, et l'être supprimé de cette douleur, dans sa signification positive reste seulement un au-delà. Mais dans cette conscience singulière est venue à l'être la représentation de la raison, de la certitude de la conscience, d'être, dans sa singularité, absolument en soi, ou d'être toute réalité. » <u>La Phénoménologie de l'Esprit</u> *Georg Wilhelm Friedrich Hegel.*

« En même temps le Moi est passage de l'indétermination indifférenciée à la différenciation, la délimitation et la position d'une détermination spécifiée qui devient caractère d'un contenu et d'un objet. Ce contenu peut d'ailleurs être donné par la nature ou bien produit à partir du concept de l'esprit. Par cette affirmation de soi-même comme déterminé, le Moi entre dans l'existence en général. » <u>Principes de la philosophie de droit</u> *60 Georg Wilhelm Friedrich Hegel.*

Quand elle est parvenue à retourner en dedans de soi, l'entendement se met à l'œuvre pour scruter les déterminabilités une par une. Une déterminabilité est comme une partie ou une région de la conscience, non pas la conscience totale. Mais chaque fois que l'entendement est occupé par l'une d'elles, il a comme abandonné tout le reste du corps; toutefois, la conscience totale se maintient parce que chaque déterminabilité représente le Tout.

« et leur dit: Quiconque reçoit en mon nom ce petit enfant me reçoit moi-même; et quiconque me reçoit reçoit celui qui m'a envoyé... » Luc 9:48.

« En vérité, en vérité, je vous le dis, celui qui reçoit celui que j'aurai envoyé me reçoit, et celui qui me reçoit, reçoit celui qui m'a envoyé. » Jean 13:20.

« Mais cette absolue vérité des déterminabilités fixes ou des multiples lois diverses contredit l'unité de la conscience de soi ou de la pensée, et en général contredit la forme. » <u>La Phénoménologie de l'Esprit</u> *250 Georg Wilhelm Friedrich Hegel.*

L'entendement est appelé à inspecter les innombrables déterminabités intérieures, pour ensuite les organiser en catégories, en un système cohérent, les ordonner en concepts généraux. La raison n'est pas un de ces concepts. Elle est l'activité qui les organise. Un concept est une déterminité quelconque de la conscience; à ce titre la conscience est entendement. L'activité ne peut s'occuper que d'une déterminabilité à la fois. Donc, quand la conscience s'occupe seulement d'une déterminabilité, elle est entendement, et la conscience totale obtient sa déterminité; mais l'activité qui s'occupe de la déterminabilité en question est une autre entité à côté de cette déterminabilité; elle est la raison active. A travers tout le processus, c'est la raison qui se cherche soi-même, mais chaque déterminabilité n'est pas la raison.

« 6 Nous étions tous errants comme des brebis, Chacun suivait sa propre voie; Et l'Eternel a fait retomber sur lui l'iniquité de nous tous » Ésaïe 53.

« L'activité de diviser est la force et le travail de l'entendement, de la puissance la plus étonnante et la plus grande qui soit, ou plutôt de la puissance absolue » <u>Préf à La Phénoménologie de l'Esprit</u> *Georg Wilhelm Friedrich Hegel.*

« 34 Ne croyez pas que je sois venu apporter la paix sur la terre; je ne suis pas venu apporter la paix, mais l'épée. 35 Car je suis venu mettre la division entre l'homme et son père, entre la fille et sa mère, entre la belle-fille et sa belle-mère;... » Matthieu 10.

« ... Immanence du tout à chaque figure particulière. Chaque étape de la phénoménologie sera une totalité qu'il faudra étudier pour elle-même, dans sa spécificité. » <u>Préf à la La Phénoménologie de l'Esprit</u> *Note 50 Georg Wilhelm Friedrich Hegel.*
« L'observation psychologique ne trouve aucune loi exprimant la relation entre la conscience de soi et la réalité effective. » <u>La Phénoménologie de l'Esprit</u> *Georg Wilhelm Friedrich Hegel.*
« Jésus les regarda, et dit: Cela est impossible aux hommes, mais non à Dieu: car tout est possible à Dieu » Marc 10:27.
« ...43 Sachez-le bien, si le maître de la maison savait à quelle veille de la nuit le voleur doit venir, il veillerait et ne laisserait pas percer sa maison. 44 C'est pourquoi, vous aussi, tenez-vous prêts, car le Fils de l'homme viendra à l'heure où vous n'y penserez pas. » Matthieu 24.
« Dans leur vérité, comme moments disparaissant dans l'unité de la pensée, elles devraient être prises comme savoir ou comme mouvement pensant, mais non comme lois du savoir. » <u>La Phénoménologie de l'Esprit</u> *251 Georg Wilhelm Friedrich Hegel.*

La façon de procéder de l'entendement qui sait, ne lui est pas donnée: Il sait quelque chose, il ne sait pas cependant comment il y est parvenu. Quand il s'emploie à se regarder faire, il se perd. Il est donc actif mais ignore les ressorts de son activité; c'est ainsi que la raison lui échappe. Ces ressorts sont les modes de son activité. La raison se présente à la conscience sous ces divers modes par lesquels elle offre un filon à l'entendement pour lui faciliter son effort de se la figurer. En tant qu'ils apparaissent à la conscience, les modes sont aussi comme des déterminabilités fixes, des vérités absolues; ce sont alors ses figures déterminées au sens de déterminités capitales, ou des concepts majeurs. C'est maintenant la raison qui, par les modes de sa figuration, possède des figures déterminées, au lieu que, selon l'autre perspective, elle devait être une figure, parmi d'autres, de la conscience, précisément la figure centrale. Ces figures sont déterminées aussi en nombre ainsi qu'exposées par Kant dans l'Analytique transcendantale. Elles sont douze comme les tribus d'Israël, et elles sont immanentes à la raison, c'est-à-dire qu'elles sont partout où elle est, comme des apôtres qui la suivent comme son ombre.

« ...27 Pierre, prenant alors la parole, lui dit: Voici, nous avons tout quitté, et nous t'avons suivi; qu'en sera-t-il pour nous? 28 Jésus leur répondit: Je vous le dis en vérité, quand le Fils de l'homme, au renouvellement de toutes choses, sera assis sur le trône de sa gloire, vous qui m'avez suivi, vous serez de même assis sur douze trônes, et vous jugerez les douze tribus d'Israël. » Matthieu 19.
« Ce contenu est plutôt essentiellement la forme elle-même, car celle-ci n'est rien d'autre que l'universel se séparant en ses moments purs. » <u>La Phénoménologie de l'Esprit</u> Georg Wilhelm Friedrich Hegel.

Alors que la raison est la conscience universelle et totale, l'entendement est, lui, une conscience individuelle partielle et partisane. L'entendement ne voit la réalité totale que sous un angle particulier. Il est toujours celui d'une conscience singulière. De cette façon, il a adopté seulement l'un des modes de figuration de la raison. La conscience ne se satisfait pas de cette partialité. Les concepts élaborés par l'entendement s'évanouissent les uns après les autres, disparaissent dans le Un de la conscience. Isolément, ils n'expriment qu'un aspect de la Réalité. Cette suppression successive doit se systématiser et se totaliser à nouveau. Pour être absolue, la conscience exige de l'entendement qu'il succombe, et fasse place à la raison entière en tant que l'unité de tous ses modes de figuration. Ainsi c'est le processus de suppressions successives qui se supprime soi-même, et cette stabilité conquise est l'égalité à elle-même de la conscience restaurée, ou la conscience totale dont l'objet est aussi la Réalité totale, le Tout en Un, l'infini déterminé, ou l'infini qui est en même temps fini.

«Il n'y a pas d'infini qui d'abord est infini et qui aurait seulement par après la nécessité de devenir fini, de parvenir à la finité, mais il est pour soi-même déjà tout aussi bien fini qu'infini...Mais, on l'a déjà remarqué ci-dessus à propos de l'unité de l'être et du néant, il faut se souvenir que même l'expression : unité du fini et de l'infini, ou bien que fini et infini sont la même chose, a un côté erroné parce qu'elle exprime comme être-en-repos ce qui est un devenir » <u>Doctrine de l'Etre</u> 124. Georg Wilhelm Friedrich Hegel.

- La scission

Contrairement à l'uniformité du départ, dans sa configuration universelle, la conscience est en elle-même globalement scindée en un système manichéen de deux pôles; l'un des membres résorbe tout ce qui est bien et l'autre pôle renferme tout ce qui est mal. L'individu navigue dans sa conscience en se situant dans une localité donnée; il pourrait se trouver au pôle nord ou au pôle Sud. S'il se positionne du côté du bien, il trouve des choses de bien, et pareille pour l'autre côté. Mais la conscience totale est l'ensemble des deux membres distincts. Dans la scission, même si on se positionne du côté du bien, et qu'on y trouve quelque chose de bon, ça ne veut pas dire que l'individu est devenu un homme de bien. Pour devenir un homme de bien, il doit d'abord réconcilier les deux membres en les faisant passer l'un dans l'autre et, de la sorte, il aura résolu la contradiction immanente à toute conscience. Le bien est le travail de malaxer les deux membres pour devenir Un ou uni à soi-même.

« 7 Alors il appela les douze, et il commença à les envoyer deux à deux, en leur donnant pouvoir sur les esprits impurs » Marc 6.
« C'est à dire que chacun n'a sa détermination que dans sa relation à l'Autre, qu'il n'est réfléchi en lui-même que comme il est réfléchi dans l'Autre, et vice versa; chacun est ainsi l'Autre de l'Autre. » <u>Encyclopédie</u> *165 Georg Wilhelm Friedrich Hegel.*

C'est un hasard ou c'est par bonheur si l'individu se situe sur un côté ou sur un autre; ça aurait pu être le contraire. Donc, là, rien ne s'est encore décidé pour ce qui est de l'essence de l'individu. Il devrait pouvoir faire le bien par décision, non pas par un heureux hasard ou un concours de circonstances. C'était l'objectif que la moralité avait en vue; elle devenait condamnée atteindre cet objectif parce que la conscience entend se réaliser par soi-même. Quand la moralité s'est enclenchée, elle ne sait plus s'arrêter jusqu'à ce que les deux membres s'interpénètrent et deviennent un mélange substantiel et homogène; par-là, on aura saisi la négativité du positif et la positivité du négatif. La scission est vécue par la conscience comme une déchirure aigue, et cet écartèlement sert de leitmotiv à la conscience morale, en sorte qu'elle ne trouve pas de répit avant d'avoir soigné cette plaie naturelle de l'âme. Cela est l'opération de conciliation, ou le travail universel de résolution de l'antinomie inhérente à la conscience, pour avoir la paix en soi-même. Avant la moralité, on ne savait rien sur cette situation universelle de déchirure, et l'âme ne ressentait même pas cette plaie. En cela, sa scission n'a pas été appréhendée, et en l'ignorant, elle maintient son unité de soi-même, mais une unité qui ne se déploie pas ou inactive, donc seulement virtuelle ou formelle. Dans la moralité par contre, la scission devient l'élément prédominant dans la conscience, une idée fixe, un tracas, en sorte qu'elle n'a pas la paix en elle-même, et elle est poussée à soigner sa déchirure. En se pliant à ce travail universel d'auto-thérapie ou de guérison de l'âme, son unité de soi-même aura été établie par sa discipline et son propre travail.

«...la force qui brise l'unité immédiate de la vie, et engendre le plus profond déchirement. Mais le culte romantique de la beauté immaculée (Novalis) ne sait que fuir ce déchirement. La vraie vie de l'esprit, au contraire, surmonte cette séparation en prenant sur soi le négatif, et en niant cette négation. » Préf à La Phénoménologie de l'Esprit Note 55 Georg Wilhelm Friedrich Hegel.
«...l'opposition est qualitative, et puisqu'il n'y a rien en dehors de l'absolu, l'opposition est elle-même absolue, et c'est seulement parce qu'elle est absolue qu'elle peut se supprimer. » Préf à La Phénoménologie de l'Esprit Note 22 Georg Wilhelm Friedrich Hegel.
« L'esprit conquiert sa vérité seulement à condition de se retrouver soi-même dans l'absolu déchirement. L'esprit est cette puissance en étant semblable au positif qui se détourne du négatif, (comme quand nous disons d'une chose qu'elle n'est rien, ou qu'elle est fausse et que, débarrassé alors d'elle, nous passons sans plus à quelque chose d'autre), mais l'esprit est cette puissance seulement en sachant regarder le négatif en face, et en sachant séjourner près de lui. Ce séjour est le pouvoir magique qui convertit le négatif en être. Ce pouvoir est identique à ce que nous avons nommé sujet ; sujet, qui en donnant dans son propre élément un être-là à la déterminabilité dépasse l'immédiateté abstraite, c'est-à-dire l'immédiateté qui seulement est en général, et devient ainsi la substance authentique, l'être ou l'immédiateté qui n'a pas la médiation en dehors de

soi, mais qui est cette médiation même. » <u>Préf à La Phénoménologie de l'Esprit</u> *p 29 Georg Wilhelm Friedrich Hegel.*

« 6 J'ai livré mon dos à ceux qui me frappaient, Et mes joues à ceux qui m'arrachaient la barbe; Je n'ai pas dérobé mon visage Aux ignominies et aux crachats. 7 Mais le Seigneur, l'Eternel, m'a secouru; C'est pourquoi je n'ai point été déshonoré, C'est pourquoi j'ai rendu mon visage semblable à un caillou, Sachant que je ne serais point confondu. 8 Celui qui me justifie est proche: Qui disputera contre moi? Comparaissons ensemble! Qui est mon adversaire? Qu'il s'avance vers moi! » Ésaïe 50.

«…c'est par la scission que l'immédiateté se déchire, mais c'est aussi par elle que que chaque terme, en se dédoublant, redevient concret et reconstitue le tout. » <u>Préf à La Phénoménologie de l'Esprit</u> *Note 29 Georg Wilhelm Friedrich Hegel.*

A l'intérieur de chaque pole, on trouve encore une multitude de sous déterminités, à l'intérieur desquelles il y a encore des sous déterminités, ainsi de suite jusqu'à l'atome. Les parties sont des particularités, alors que les grandes déterminités sont des généralités. Dans le pôle du bien, on trouve quelque chose de bien qui se subdivise infiniment en quelque chose d'autre qui est bien…etc., à l'infini. Pareil pour le pôle du mal. De cette façon, la conscience contient tout, il ne manque rien en elle, et elle forme l'omniscience. Mais l'individu ne sait pas que sa conscience contient tout savoir. Ou plutôt, il le sait, mais il n'a pas ou bien le temps, ou bien l'envie de le savoir, parce que ça équivaudrait à parcourir sa conscience dans un voyage sans fin. S'il a un autre agenda, il n'aurait pas le temps de savoir que sa conscience contient tout ou qu'elle est omniscience.

« La psychologie d'observation énonce d'abord ses perceptions des modes universels qui se présentent à elle dans la conscience active; elle trouve alors beaucoup de facultés, d'inclinations et de passions diverses; et parce que dans l'énumération d'une telle récolte de facultés le souvenir de l'unité de la conscience de soi ne se laisse pas refouler, la psychologie doit du moins aller jusqu'à s'étonner que dans l'esprit, comme dans un sac, puissent se tenir ensemble et côte à côte tant de choses contingentes et hétérogènes les unes aux autres, et cela d'autant plus que ces choses ne se dévoilent pas comme des choses inertes et mortes, mais comme des

processus inquiets et instables. » <u>La Phénoménologie de l'Esprit</u> *253 Georg Wilhelm Friedrich Hegel.*

Si par contre l'individu a un penchant pour la savoir ou a de la curiosité, il est poussé à en savoir un peu plus sur sa propre conscience. Quand il a été piégé par une chose qui a suscité sa curiosité, cette chose lui prend la tête jusqu'à ce qu'il l'ait décortiquée. Plus une chose est substantielle, plus elle a la capacité de susciter de la curiosité et de l'intérêt. Plus la substance s'est concentrée en un objet, plus cet objet apparait dans sa particularité, et il devient un singulier insolite qui attise de la curiosité, parce que la conscience ne le connait pas, mais elle ne digère pas non plus ce fait de ne pas savoir ce que c'est. Elle soupçonne qu'il renferme quelque chose qui vaut la peine d'être connu, ou quelque chose d'essentiel. De cette façon, il s'est produit une inclination; il lui vient la pulsion ou l'envie irrésistible de faire quelque chose pour l'éluder. Quand donc une chose qui a la plénitude de la substance a suscité la curiosité de quelqu'un, cette chose lui prend la tête et ne la lâche plus. Sa conscience est incitée par l'objet de le connaitre ou, il l'invite à s'imprégner de lui. L'objet est, de la sorte, passé de son être dans la conscience en son être pour la conscience; il aura été connu moyennant son investigation. L'unité des deux moments constitue l'objet total qui est devient la propriété de cette conscience. Elle y a gagné quelque chose, s'est enrichie de lui. Il devient son concept, une acquisition définitive.

L'objet particulier se généralise ou s'expand en devenant la possession de la conscience. Mieux il est assis en elle, plus il est devenu large. Plus il s'expand, plus il est oublié par elle mais non pas comme si elle ne pouvait plus en faire usage; il n'est remémoré qu'en temps utile ou bien inconsciemment, c'est-à-dire sans y penser. Il reste donc à jamais uni à la conscience. Faisant corps avec elle, il reste sa propriété qui s'invite seulement quand cette conscience a besoin de lui, sans attendre d'elle qu'elle fasse l'effort de l'interpeller; il s'invite de lui-même, dès qu'on a besoin de lui. Il est devenu une acquisition de cette conscience, un potentiel ou une ressource.

« 10 Puis il leur dit: Dans quelque maison que vous entriez, restez-y jusqu'à ce que vous partiez de ce lieu. 11 Et, s'il y a quelque part des gens qui ne vous reçoivent ni ne vous écoutent, retirez-vous de là, et secouez la poussière de vos pieds, afin que cela leur serve de témoignage. » Marc 6.

«... "le travail du négatif ". C'est en effet seulement ce travail qui, pour Hegel, donne une conscience au terme nié et lui permet, en devenant idéel, de s'accomplir et de se sauver... » <u>Préf à La Phénoménologie de l'Esprit</u> *Note 34 Georg Wilhelm Friedrich Hegel.*

« Ce qui doit être connu, ce n'est pas l'inessentiel des choses, mais ce par quoi elles-mêmes s'arrachant à l'universelle continuité de l'être en général, se séparent de l'Autre et sont pour soi. » <u>La Phénoménologie de l'Esprit</u> *208. Georg Wilhelm Friedrich Hegel.*

« Ce qui donc est objet à la conscience, a la signification d'être le vrai; le vrai est et a validité dans le sens d'être et de valoir en soi et pour soi-même; il est la Chose absolue qui ne pâtit plus de l'opposition de la certitude et de sa vérité, de l'universel et du singulier, du but et de sa réalité. » <u>La Phénoménologie de l'Esprit</u> *Georg Wilhelm Friedrich Hegel.*

« Puisque la conscience de soi se sait comme le moment de l'être-pour-soi de cette substance, elle exprime en elle-même l'être-là de la Loi, de sorte que la saine raison sait immédiatement ce qui est juste et ce qui est bien. Comme elle le sait immédiatement, aussi immédiatement cela a pour elle validité; et la saine raison dit immédiatement : ceci est juste et bon. Et elle dit proprement : ceci ; ce sont là des lois déterminées, c'est la Chose même dans la riche plénitude de son contenu. » <u>La Phénoménologie de l'Esprit</u> *Georg Wilhelm Friedrich Hegel.*

« Cette conscience pour laquelle l'être a la signification du Sien, nous la voyons de nouveau s'enfoncer dans la visée du ceci et dans la perception; cependant cela ne signifie plus qu'elle a la certitude de ce qui est seulement un Autre, mais elle a la certitude d'être elle-même cet Autre. Précédemment il lui est seulement arrivé d'une façon contingente de percevoir quelques caractéristiques dans la chose et d'en faire l'expérience; maintenant c'est elle-même qui dispose les observations et l'expérience. Elle se met à avoir dans la chôséité seulement la conscience d'elle-même. La raison s'intéresse donc maintenant d'une façon universelle au monde parce qu'elle est la certitude d'avoir dans ce monde sa propre présence, et parce qu'elle est certaine que cette présence du monde est

rationnelle. La raison cherche son Autre, sachant bien qu'en lui elle ne possédera rien d'autre qu'elle-même. » <u>La Phénoménologie de l'Esprit</u> *Georg Wilhelm Friedrich Hegel.*

Un moment singulier peut préoccuper une conscience pendant un bon bout de temps, s'il apparait lui être substantiel. Il ne la retient que selon la teneur de sa substantialité. Quand elle a le sentiment de l'avoir complètement sucé et vidé, il n'y a plus rien qui la retienne à lui; elle le délaisse comme du kleenex parce qu'il ne renferme plus l'attractivité ou la capacité de lui susciter de l'intérêt. S'il retenait son attention jusque-là, c'était seulement parce qu'elle croyait qu'il renferme une substantialité qui a de l'attrait sur elle. Cela peut être confirmé ou infirmé après coup, ou a posteriori. Quand il perd de cette substantialité, elle n'y peut rien, elle le délaisse. Quand par hasard un autre objet allume de nouveau sa curiosité, elle s'élance à lui et il retient toute son attention; elle y séjournera jusqu'à ce qu'elle l'ait complètement sucé, si elle peut, comme les objets précédents. Elle est pragmatique; si elle n'y gagne rien, elle n'y consacre pas son temps. Si l'objet est d'une substantialité infinie, il la retient et l'occupe pendant toute sa vie et la vie d'après. Sa détermination reste toujours d'en finir avec cet objet, mais elle n'y parvient que si elle le peut, c'est-à-dire si elle parvient à le vider de sa substance. Il y a un seul objet qui renferme cette substantialité infinie, dont on en a jamais fini avec, c'est l'objet raison.

« ...13 Jésus lui répondit: Quiconque boit de cette eau aura encore soif; 14 mais celui qui boira de l'eau que je lui donnerai n'aura jamais soif, et l'eau que je lui donnerai deviendra en lui une source d'eau qui jaillira jusque dans la vie éternelle.» Jean 4.
La configuration manichéenne de la conscience en un pôle contenant tout ce qui est bien et un autre contenant tout ce qui est mal, est le moment crucial selon lequel elle a appréhendé sa scission et celle-ci devient alors virulente ou aigue, lui fait mal. Ce moment est comme le point sensible ou la blessure innée, une plaie naturelle qui lui fait mal sans cause ou sans raison précise. Ce n'est que l'incitation à résoudre la contradiction immanente à la conscience ou l'incitation au travail universel. Il faut qu'elle ait eu mal, que cela lui ait fait mal de constater qu'elle n'est pas

résolue en elle-même, pour qu'elle s'engage dans le travail de conciliation. Plus elle a mal, c'est-à-dire plus sa blessure la ronge, plus vite elle se décide et sa détermination s'affermit. Elle devient résolue à passer à l'acte.
Le système manichéen passe ensuite du discernement, ou de la séparation de la conscience en une famille de choses de bien et une autre de choses de mal, en un nouveau rapport, et les deux membres du syllogisme sont désormais d'une part le monde extérieur, et de l'autre le Moi pur. Le mouvement de l'essence ne s'enclenche qu'à ce niveau quand la conscience a cessé d'être manichéenne, a cessé de penser que le bien et le mal seraient deux choses séparées.

« L'une, à savoir la conscience simple et immuable est pour elle, comme l'essence, et l'autre la multiplement changeante, comme l'inessentiel. » <u>La Phénoménologie de l'Esprit</u> *Georg Wilhelm Friedrich Hegel.*

« De même que la diversité passe dans l'opposition et l'opposition dans la contradiction résolutrice, de même l'inégalité, en apparence extérieure, entre le Moi et la substance, est en fait une inégalité de la substance avec elle-même, et c'est pourquoi la substance est sujet. » <u>Préface à La Phénoménologie de l'Esprit</u> *Note 63 Georg Wilhelm Friedrich Hegel.*

«…la conscience dans un sens large a ainsi trois degrés, selon la nature de son objet. L'objet est ou bien l'objet extérieur, ou le Moi lui-même, ou enfin quelque chose d'objectif appartenant au Moi 'la pensée). La science de la conscience se divise donc : conscience, conscience de soi, raison…» <u>Préface à La Phénoménologie de l'Esprit</u> *Note 60 Georg Wilhelm Friedrich Hegel.*

« Que toute notre connaissance commence avec l'expérience, cela ne soulève aucun doute. En effet, par quoi notre pouvoir de connaître pourrait-il être éveillé et mis en action, si ce n'est par des objets qui frappent nos sens et qui, d'une part, produisent par eux-mêmes des représentations et d'autre part, mettent en mouvement notre faculté intellectuelle, afin qu'elle compare, lie ou sépare ces représentations, et travaille ainsi la matière brute des impressions sensibles pour en tirer une connaissance des objets, celle qu'on nomme l'expérience ? Ainsi, chronologiquement, aucune connaissance ne précède en nous l'expérience, c'est avec elle que toutes commencent.

Mais si toute notre connaissance débute avec l'expérience, cela ne prouve pas qu'elle dérive toute de l'expérience, car il se pourrait bien que même notre connaissance par expérience fût un composé de ce que nous recevons des impressions sensibles et de ce que notre propre pouvoir de connaître (simplement excité par des impressions sensibles) produit de lui-même : addition que nous ne distinguons pas de la matière première jusqu'à ce que notre attention y ait été portée par un long exercice qui nous ait appris à l'en séparer. C'est donc au moins une question qui exige encore un examen plus approfondi et que l'on ne saurait résoudre du premier coup d'œil, que celle de savoir s'il y a une connaissance de ce genre, indépendante de l'expérience et même de toutes les impressions des sens. De telles connaissances sont appelées a priori et on les distingue des empiriques qui ont leur source a posteriori, à savoir dans l'expérience. [...] » <u>Critique de la Raison Pure</u>*, Introduction (seconde édition) Emmanuel Kant.*

Le mouvement de l'essence est ainsi la patrouille que la conscience fait à l'intérieur d'elle-même, pour se prospecter et se connaitre soi-même. Elle va d'une déterminité intérieure à une autre, et chaque fois qu'une déterminité l'occupe, elle oublie toutes les autres. Mais une déterminité isolée, quelle qu'elle soit, ne parvient pas satisfaire l'insatiété pour le savoir, ou ne fournit pas le savoir absolu qui apaise définitivement la curiosité. A chaque fois, la conscience est poussée à aller plus loin, poussée à passer à une autre chose jusqu'à ce que la patrouille ait été achevée et qu'elle ait fait le tour de soi-même.

« *58 Jésus lui répondit: «Les renards ont des tanières et les oiseaux du ciel ont des nids, mais le Fils de l'homme n'a pas un endroit où il puisse reposer sa tête.* » *Luc 9.*
«*...l'esprit du monde a développé son contenu, l'esprit individuel possède ce contenu en soi, mais il doit l'élever à la conscience de soi, et pour cela il doit supprimer son être bien-connu, sa familiarité.*» <u>Préf à La Phénoménologie de l'Esprit</u> *Note 51 Georg Wilhelm Friedrich Hegel.*
« *10 Après cela, le Seigneur désigna encore 70 autres disciples et les envoya devant lui deux par deux dans toutes les villes et dans tous les endroits où lui-même devait aller. 2 Il leur dit: «La moisson est grande, mais il y a peu d'ouvriers. Priez donc le maître de la moisson d'envoyer des*

ouvriers dans sa moisson. 3 Allez-y! Je vous envoie comme des agneaux au milieu des loups. 4 Ne prenez ni bourse, ni sac, ni sandales et ne saluez personne en chemin. 5 Dans toute maison où vous entrerez, dites d'abord: 'Que la paix soit sur cette maison!' 6 Et s'il se trouve là un homme de paix, votre paix reposera sur lui; sinon, elle reviendra sur vous. 7 Restez dans cette maison, mangez et buvez ce qu'on vous donnera, car *l'ouvrier mérite son salaire[a]. N'allez pas de maison en maison. 8 Dans toute ville où vous entrerez et où l'on vous accueillera, mangez ce que l'on vous offrira, 9 guérissez les malades qui s'y trouveront et dites-leur: 'Le royaume de Dieu s'est approché de vous.' 10 Mais dans toute ville où vous entrerez et où l'on ne vous accueillera pas, allez dans les rues et dites: 11 'Nous secouons contre vous même la poussière de votre ville qui s'est attachée à nos pieds. Sachez cependant que le royaume de Dieu s'est approché [de vous].' 12 Je vous dis que, ce jour-là, Sodome[b] sera traitée moins sévèrement que cette ville-là. » Luc 9.

« Le travail de l'entendement a abouti à des oppositions et à des séparations solidifiées, il faut maintenant rendre à nouveau fluides ces déterminabilités... » <u>Préface à La Phénoménologie de l'Esprit</u> *Note 57 Georg Wilhelm Friedrich Hegel.*

« Le penser réussit à faire du penser son objet. De la sorte il va à lui-même, au sens le plus profond de l'expression, car son principe, son ipséité sans mélange, est le penser. Mais il advient que, dans ce travail qui est sien, le penser s'embrouille en des contradictions, c'est-à-dire se perd dans la ferme non-identité des pensées, que, ce faisant, il ne s'atteint pas lui-même mais bien plutôt reste captif de son opposé. Le besoin supérieur va contre ce résultat du penser qui reste au niveau de l'entendement, et il est fondé sur le fait que le penser ne renonce pas à lui-même, que, jusque dans cette perte consciente de son être-chez-soi, il demeure fidèle à lui-même, "afin d'en triompher" , que, dans le penser même, il réussit à résoudre ses propres contradictions. » <u>Encyclopédie</u> *84 Georg Wilhelm Friedrich Hegel.*

D'après la multiplicité des déterminités ou la richesse infinie du contenu, la conscience se trouve comme désintégrée, éclatée, dispersée, et l'activité est dans la perspective de tout rassembler dans une unité fluide, uniforme, homogène. La dissolution est expérimentée comme une inquiétude absolue, de même que la scission est appréhendée comme une déchirure absolue. Parce que les divers moments distincts sont des déterminabilités solidifiées, le mouvement de l'essence est la détermination à les moudre dans leur unité fluide ou dans la synthèse du moi, qui sera alors le Soi uni à soi-même. Ce dernier est un soi restauré ayant retrouvé la paix en lui-même, quitte après une grosse frayeur.

« *Le but actualisé, ou l'effectivement réel étant là, est mouvement, est un devenir procédant à son déploiement. Mais cette inquiétude est proprement le Soi; et il est égal à cette immédiateté et à cette simplicité du commencement parce qu'il est le résultat, parce qu'il est ce qui est retourné en soi-même;* ¬*-mais ce qui est retourné en soi-même est justement le Soi, et le Soi est l'égalité et la simplicité qui se rapporte à soi-même.* » <u>Préface à La Phénoménologie de l'Esprit</u> Georg Wilhelm Friedrich Hegel.

Il est l'unité subjective qui contient une infinité de choses étant en soi et existant pour soi-même, et l'activité de la conscience n'a fait que les regarder faire, n'a fait que les contempler dans leur mouvement, ce qui a fait d'elle la conscience d'eux. Elle n'a fait que témoigner de ces choses qui sont pour soi, ou qui sont indépendantes. Elle ne sait rien ajouter à ces choses, elle en vient à les savoir, c'est tout. Dans le savoir, les choses qu'elle sait existent de telle sorte que ce n'est pas à la conscience de décider de ce qu'ils sont et de ce qu'elle sait d'eux. Ils lui apparaissent, et en les voyant, elle se les tient pour dites ou pour sues; elle en prend acte, sans plus, sans changer leur nature. Elle les laisse être ce qu'ils sont. Cette passivité de sa part, n'est que le moment théorique. Il n'est pas encore venu le moment de l'action, quand elle va devoir prendre tout ce qu'elle sait en compte avant de délibérer et décider d'un acte à poser; car ce n'est pas pour rien ou pour la forme qu'on sait quelque chose, c'est pour en faire quelque chose.

« *...10 pour le mettre à exécution lorsque les temps seraient accomplis, de réunir toutes choses en Christ, celles qui sont dans les cieux et celles qui sont sur la terre.* » *Éphésiens 1.*

« *Si dans la "Phénoménologie de l'esprit" chaque moment est la différence du savoir et de la vérité et est le mouvement au cours duquel cette différence se supprime, la Science, par contre, ne contient plus cette différence et sa suppression ; mais du fait que le moment a la forme du concept, il réunit dans une unité immédiate la forme objective de la vérité et celle du Soi qui sait.* » <u>La Phénoménologie de l'Esprit</u> *p310.* Georg Wilhelm Friedrich Hegel.

« *36 Si donc tout ton corps est éclairé, n'ayant aucune partie dans les ténèbres, il sera entièrement éclairé, comme lorsque la lampe t'éclaire de sa lumière.* » Luc 11.

« *La phénoménologie est un moment nécessaire, puisqu'il est nécessaire que l'esprit s'aliène ou se devienne objet à soi-même, de même qu'il est nécessaire qu'il supprime cette aliénation* » <u>Préf à La Phénoménologie de l'Esprit</u> Note 61 Georg Wilhelm Friedrich Hegel.

« *Un parti (Fichte) insiste sur la nécessité d'un contenu déterminé et conserve la richesse des déterminabilités, mais la totalité, l'absolu reste chez lui une exigence jamais satisfaite, l'autre partie (Schelling) pose bien l'absolu, la totalité, mais d'une façon irrationnelle ; il sacrifie les déterminabilités et leurs oppositions qualitatives. Hegel se propose – en unissant les deux partis – de construire scientifiquement l'absolu.* » <u>Préface à La Phénoménologie de l'Esprit</u> Note 21 Georg Wilhelm Friedrich Hegel.

« *L'esprit est pour soi, mais il doit se voir lui-même comme étant pour soi, il doit être sa conscience de soi comme esprit. Ainsi il est le concept ou la science* » <u>Préface à La Phénoménologie de l'Esprit</u> Note 43 Georg Wilhelm Friedrich Hegel.

« *Le Vrai est l'égalité devenue, et le processus au moyen duquel cette égalité s'établit est un processus essentiel qui ne disparait pas du résultat ; le mouvement du savoir qui établit le vrai même (comme résultat) sont étroitement liés, et non pas seulement pour la connaissance, mais dans la substance même.* » <u>Préf à La Phénoménologie de l'Esprit</u> Note 67 Georg Wilhelm Friedrich Hegel.

« *…les moments ne se présentent plus dans leur opposition de l'être et du savoir, de la vérité et de la certitude ; la diversité de ces moments est seulement une diversité de contenu (être, non-être, devenir,…etc.)* » <u>Préf à La Phénoménologie de l'Esprit</u> Note 64 Georg Wilhelm Friedrich Hegel.

« Les opposés ne sont pas la même chose en dehors de leur synthèse. « les opposés sont avant la synthèse quelque chose de tout autre qu'après la synthèse ; avant la synthèse, ils sont des opposés et rien de plus, l'un est ce que l'autre n'est pas, et l'autre ce que l'un n'est pas ». L'être-autre complet correspond donc à ce qui précède la synthèse. » <u>Préf à La Phénoménologie de l'Esprit</u> *Note 68 Georg Wilhelm Friedrich Hegel.*
«…et il y aura un seul troupeau, un seul berger.» Jean 10:16.

Conclusion

Il est indispensable de comprendre le Concept du Christ, ou le Concept tout court parce que c'est le summum du savoir, mais c'est surtout la figure centrale de la conscience, le centre ou le cœur de la conscience humaine. Tout, dans la conscience, gravite autour de ce centre; donc tout savoir en dépend. Plus une conscience s'éloigne de son centre, plus son savoir s'affadit et elle bascule dans des considérations infondées et vaines, elle se perd en conjectures. Pour s'identifier, l'individu avait à se situer quelque part sur une région de sa conscience. Si ce n'est pas sur son propre centre qu'il s'est assis, il ne se serait pas bien fixé sur soi-même, et il peut se faire bousculer de sa propre identité; il pourrait être déchu de sa propre revendication sur soi-même. L'identité absolue, inflexible, indétrônable, inamovible, est uniquement l'unité subjective réfléchie en soi-même et qui est idéalité.

Le rapport du moi à soi-même, qui est cette idéalité ou qui est conscience de soi, est « Dieu en moi », alors que le « Dieu hors de moi » est celui dont on parle tous les jours, mais qui se trouve au Ciel, on ne sait pas où. Ce dernier n'est pas le Dieu vivant d'Abraham, Joseph, Isaac et Jacob. Il est l'en soi mort, ou la réalité effective de la mort. Ce n'est pas lui que nous adorons ; celui que nous adorons a la vie en lui-même; il est la vie, la vérité, le chemin et la résurrection des morts. Il est la réalité effective.

« 4 Vous, petits enfants, vous êtes de Dieu, et vous les avez vaincus, parce que celui qui est en vous est plus grand que celui qui est dans le monde. » 1 Jean 4.

« Un objet tel qu'il a en lui le processus de la simplicité du concept, est l'organique. La chose inorganique a pour essence la déterminabilité; c'est

pourquoi c'est seulement avec une autre chose qu'elle constitue la totalité des moments du concept; au contraire dans l'essence organique toutes les déterminabilités au moyen desquelles elle est ouverte pour un autre, sont reliées entre elles sous le contrôle de l'unité organique et simple. » <u>La Phénoménologie de l'Esprit</u> *215 Georg Wilhelm Friedrich Hegel.*

« En lui se différencient les moments de son rapport infini à lui-même et de l'être-pour-une-chose. En tant que cet être-pour-soi réfléchi, il est idéalité. Mais en tant que l'unité de ses moments qui en lui-même retourne dans soi, il est le Un 126. Le rapport infini de l'être-pour-soi à soi consiste dans l'égalité de la négation avec elle-même. Pourtant l'être-autre n'a pas disparu de telle sorte que l'être-pour-soi ne serait que le rapport immédiat de l'être à soi, mais il est intériorisé. L'être-autre n'est pas réparti entre l'être-pour-soi et un autre 127. Il n'est que dans l'être-pour-soi, n'est rien en dehors du rapport infini de cet être-pour-soi à lui-même, et n'a ainsi que cet être-là qui consiste à être pour une-chose » <u>Doctrine de l'Etre</u> *Georg Wilhelm Friedrich Hegel.*

« En son immédiateté simple, ou comme être, il est en même temps pur acte-de-nier, un rapport vers le dehors en général, un pur rapport niant ; mais non à un autre ; car il n'y a plus d'autre ici, plutôt purement-et-simplement dépassé. Ce rapport également, n'est pas encore rapport à l'immédiat, mais tout d'abord cette immédiateté n'est rien d'autre que l'acte simple par lequel la négation se rapporte à elle-même. Ce qui est donc posé, c'est le retour de l'idéalité dans l'être-dans-soi simple, dans une égalité-à-soi-même qui a la forme d'immédiateté, et qui est un rapporter simplement négatif, un rapporter au néant en général. L'être-pour-soi comme cet immédiat qui est le pur acte-de-nier, est l'étant-pour-soi, le Un. 133. Parce que Un n'a aucun être-là et aucune déterminité comme rapport à autre-chose, il n'est pas non plus une disposition, et partant n'est pas susceptible d'un être-autre ; il est invariable. Il est indéterminé, non pas comme l'être ; mais son indéterminité est la déterminité qui est rapport à soi-même, être-déterminé absolu. - L'être-déterminé absolu est la déterminité, ou négation, comme rapport non pas à autre-chose, mais à soi...Son dépassement, ou sa négation, apparaît alors comme un autre étant en dehors de lui ; cet autre n'est pas quelque-chose mais le néant, qui lui-même a la figure de l'immédiateté en regard de cet

étant, mais qui en soi, en même temps, n'est pas le premier néant, n'est pas immédiat, mais le néant comme quelque-chose surpassé - ou il est le néant comme vide 135. Le Un et le vide sont l'être-pour-soi, le suprême être-dans-soi abaissé jusqu'à l'extériorité plénière. » <u>Doctrine de l'Etre</u> Georg Wilhelm Friedrich Hegel.

« Le jugement infini, comme infini, serait l'accomplissement de la vie se comprenant soi-même; mais quand la conscience de la vie reste dans la représentation, elle se comporte comme la fonction de l'urination.» <u>La Phénoménologie de l'Esprit</u> 287. Georg Wilhelm Friedrich Hegel.
La relation subjective du Soi à soi-même ou la conscience de soi-même, est donc Dieu en personne, présent ici-même avec nous. Si ce rapport à soi-même est bon, il est le bon Dieu, et il me profite. S'il n'est pas bien posé, j'en fais les frais. Il n'est pas bien posé quand il n'est carrément pas posé. Il devient alors l'extériorité à soi, le fait de ne pas avoir sa tête sur les épaules.

« 1 Mais l'Esprit dit expressément que, dans les derniers temps, quelques-uns abandonneront la foi, pour s'attacher à des esprits séducteurs et à des doctrines de démons, 2 par l'hypocrisie de faux docteurs portant la marque de la flétrissure dans leur propre conscience, » 1 Timothée 4.
« 21 puisque ayant connu Dieu, ils ne l'ont point glorifié comme Dieu, et ne lui ont point rendu grâces; mais ils se sont égarés dans leurs pensées, et leur cœur sans intelligence a été plongé dans les ténèbres. 22 Se vantant d'être sages, ils sont devenus fous; 23 et ils ont changé la gloire du Dieu incorruptible en images représentant l'homme corruptible, des oiseaux, des quadrupèdes, et des reptiles. » Romains 1.

Une conscience qui ne saisit pas le Concept, procède comme si elle ne prend pas le taureau par les cornes, ou ne prend pas le serpent par la queue. Il lui serait impossible de déboucher sur le savoir absolu qui n'est autre que le savoir et l'appréhension de soi-même par soi-même, le savoir de tout soi-même. Elle pourrait avoir un certain type de savoir, comme le bagage intellectuel qu'on acquiert quand on part à la fac, mais il a beau être lourd, ce n'est pas le genre de savoir qui sauve ou qui permette d'entrer en possession de son propre soi. A la fac, le module ne traite pas de l'individu, le prof ne connait ses étudiants que de nom, si encore il les connait. Mais le Concept est l'école ou on enseigne à la personne qui elle est, elle précisément. Le Concept connait qui est chacun, alors qu'à la base, la personne, elle-même, ne se connait pas.

« 2 Mais celui qui entre par la porte est le berger des brebis. 3 Le portier lui ouvre, et les brebis entendent sa voix; il appelle par leur nom les brebis qui lui appartiennent, et il les conduit dehors. 4 Lorsqu'il a fait sortir toutes ses propres brebis, il marche devant elles; et les brebis le suivent, parce qu'elles connaissent sa voix. 5 Elles ne suivront point un étranger; mais elles fuiront loin de lui, parce qu'elles ne connaissent pas la voix des étrangers.» Jean 10.

Un savoir incomplet ou parcellaire comporte toujours des dangers. (La chose inorganique a pour essence la déterminabilité; c'est pourquoi c'est seulement avec une autre chose qu'elle constitue la totalité des moments du concept). Il irait dogmatiquement ne s'en tenant qu'au savoir qui est le sien, avec la conviction qu'il n'y a pas autre chose à savoir, fanatiquement fermé dans sa tour d'ivoire. L'ouverture de l'esprit est la perfectibilité selon laquelle on reste toujours assez modeste pour se dire qu'il y a peut-être un détail qui nous échappe, un détail qu'on a peut-être oublié; ça peut arriver; après tout, on n'est pas le bon Dieu. Le doute ne disparait pas jusqu'à son néant. Jean le Baptiste qui a dédié sa vie entière à préparer le chemin du seigneur, douta au crépuscule de son ministère si Jésus était bien le Christ. Le doute méthodique, c'est-à-dire le doute sur décision, aussi, reste toujours de mise. Donc, même quand on sait absolument tout, on reconnaitra celui dont le savoir est relevant, dans l'humilité de prêter une oreille active à son interlocuteur. Il ne se présente pas devant les gens comme s'il avait avalé tout le savoir et qu'il n'est rien resté pour les autres individus. Il se dit à chaque fois qu'il y a toujours la possibilité d'apprendre autre chose qu'il ignorait la veille, sinon, ses oreilles ne lui servent plus à grand-chose. Celui qui détient un savoir consistant se comporte ainsi comme s'il lui reste toujours des choses à savoir; or puisque cette ouverture d'esprit est la bonne attitude, c'est que c'est un objet absolu.

Le Concept du Christ ou le savoir indépassable, est l'assurance et la certitude d'être en bons termes avec Dieu, la bonne conscience. Une conscience est a priori pleine de modestie, de culpabilité, et de défaillances. Elle ne se connaît pas comme esprit absolu, ou comme Dieu. Quoiqu'on fasse, elle ne se départit pas de cette certitude infondée de n'être pas en présence de Dieu. Pour elle, Dieu est au ciel, non pas en dedans d'elle, il est hors d'elle, loin d'elle. Dans le Concept du Christ, on est certain de faire Un avec Dieu, malgré tout, bien qu'on ne le dirait pas. Cette certitude permet à la conscience d'accéder à tous les avoirs de Dieu, c'est-à-dire à tout savoir, et elle s'établit à la fin comme savoir absolu.

« 1 En ce temps-là parut Jean Baptiste, prêchant dans le désert de Judée. 2 Il disait: Repentez-vous, car le royaume des cieux est proche. » Matthieu 3.
« On ne dira point: Il est ici, ou: Il est là. Car voici, le royaume de Dieu est au milieu de vous. » Luc 17:21.
« 8 Heureux ceux qui ont le cœur pur, car ils verront Dieu! » Matthieu 5.
«15 Tout ce que le Père a est à moi; c'est pourquoi j'ai dit qu'il prend de ce qui est à moi, et qu'il vous l'annoncera.» Jean 16.
« 1 Etant donc justifiés par la foi, nous avons la paix avec Dieu par notre Seigneur Jésus-Christ, 2 qui nous devons d'avoir eu par la foi accès à cette grâce, dans laquelle nous demeurons fermes, et nous nous glorifions dans l'espérance de la gloire de Dieu. » Romains 5.
«…11 Elle est venue chez les siens, et les siens ne l'ont point reçue. 12 Mais à tous ceux qui l'ont reçue, à ceux qui croient en son nom, elle a donné le pouvoir de devenir enfants de Dieu, 13 lesquels sont nés, non du sang, ni de la volonté de la chair, ni de la volonté de l'homme, mais de Dieu. » Jean 1.
« C'est quand le droit est pour moi en soi et pour soi que je suis à l'intérieur de la substance éthique; et cette substance éthique est ainsi l'essence de la conscience de soi; mais cette conscience de soi est à son tour la réalité effective de cette substance, son être-là, son Soi et sa volonté. » <u>La Phénoménologie de l'Esprit</u> Georg Wilhelm Friedrich Hegel.
« Consciente de la conscience universelle comme de son propre être. » <u>La Phénoménologie de l'Esprit</u> Georg Wilhelm Friedrich Hegel.
« 18 Et tout cela vient de Dieu, qui nous a réconciliés avec lui par Christ, et qui nous a donné le ministère de la réconciliation. 19 Car Dieu était en

Christ, réconciliant le monde avec lui-même, en Jean 14 n'imputant point aux hommes leurs offenses, et il a mis en nous la parole de la réconciliation.» 2 Corinthiens 5.

Le savoir d'une telle conscience est adéquat parce que c'est de Dieu qu'elle le puise, et c'est Dieu qui lui permet cet accès à lui. Dieu permet effectivement l'accès à ses avoirs ou au savoir absolu. Mais la conscience ordinaire pense que c'est un sacrilège de prétendre à cela, ou que Dieu ne le permet même pas. Elle s'interdit alors bêtement le venir à Dieu et reste convaincue que c'est comme cela qu'elle est respectueuse de Dieu, en se tenant à distance de lui. Dans le Concept du Christ, il n'y a pas de cette modestie; la détermination est plutôt clairement de marcher par sa propre conscience pour arriver jusque dans le temple de Dieu, avec force salameks, supplications, prières et actions de grâce. C'est-à-dire qu'il est demandé à l'individu seulement de se faire humble. Dieu a horreur de la fierté. Dans et à travers l'humilité, on réalise jusqu'où on a besoin de lui, jusqu'où il est indispensable, jusqu'où il est une nécessité absolue. Dans la fierté par contre, on se sent auto-suffisant, on croit qu'on peut s'en sortir tout seul.

« Ote tes sandales de tes pieds, car l'endroit où tu te tiens est un lieu saint. » Exode 3 :5.

«…5 Croyez-vous que l'Ecriture parle en vain? C'est avec jalousie que Dieu chérit l'esprit qu'il a fait habiter en nous. 6 Il accorde, au contraire, une grâce plus excellente; c'est pourquoi l'Ecriture dit: Dieu résiste aux orgueilleux, Mais il fait grâce aux humbles.» Jacques 4.

« Humiliez-vous donc sous la puissante main de Dieu, afin qu'il vous élève au temps convenable; »1 Pierre 5:6.

« Car tout ce que Dieu a créé est bon, et rien ne doit être rejeté, pourvu qu'on le prenne avec actions de grâces, » 1 Timothée 4:4.

En même temps, la certitude qui est à la base de cette détermination est la conviction d'être confortablement installé dans la volonté de Dieu, c'est-à-dire que c'est Dieu lui-même qui demande ça et permet à cette conscience de l'approcher. Il ne demande ni à le fuir, ni à l'ignorer, ni à faire sans lui, ni à avoir peur de lui. C'est cette démarche qui est normale, moyennant de garder à l'esprit qu'elle a son propre codex. Il faut fuir ce qui est monstrueux, non pas Dieu.

Dans la vie courante on a fait de cela un sacrilège, un blasphème, le crime capital. Il appartient à l'individu de ne pas se laisser intimider ou de se faire changer d'avis. Quand il a tendance à vouloir ressembler à Dieu, celui-ci ne le jalouse pas ou, l'individu ne devient pas un concurrent ou un rival pour Dieu; au contraire, ça prouve qu'il l'aime, c'est tout. Ce n'est ni une ambition démesurée, ni la folie des grandeurs, ni de la grandiloquence, ni une utopie, et ce n'est pas ridicule; il n'y a rien de plus normal. C'est une exigence du devoir universel qui est inscrite dans l'essence. C'est plutôt l'attitude contraire qui devrait surprendre parce que ça voudrait dire que le principe immanent fait défaut à la conscience. L'individu doit lutter contre tout ce qui l'amène à penser que Dieu ne réside pas au fond de lui ou ce qui l'amène à penser que Dieu ne l'aime pas ou l'a peut-être oublié, simplement parce que c'est faux. Il doit s'attendre à de l'adversité parce que rien ne dira de lui qu'il est effectivement habité et possédé par Dieu, ni sa situation, ni son look, ni rien; le royaume des cieux ne vient pas de manière à frapper les yeux; c'est l'individu lui seul qui le sait, s'il est ou non habité par Dieu. S'il le sait, il ne doit jamais l'oublier; c'est cette certitude qui peut faire sa force; dès qu'il l'oublie, il devient vulnérable.

« 16 Ce n'est pas vous qui m'avez choisi; mais moi, je vous ai choisis, et je vous ai établis, afin que vous alliez, et que vous portiez du fruit, et que votre fruit demeure, afin que ce que vous demanderez au Père en mon nom, il vous le donne. » Jean 15.

« 5 Thomas lui dit: Seigneur, nous ne savons où tu vas; comment pouvons-nous en savoir le chemin? 6 Jésus lui dit: Je suis le chemin, la vérité, et la vie. Nul ne vient au Père que par moi. 7 Si vous me connaissiez, vous connaîtriez aussi mon Père. Et dès maintenant vous le connaissez, et vous l'avez vu. » Jean 14:6.

«...2 selon que tu lui as donné pouvoir sur toute chair, afin qu'il accorde la vie éternelle à tous ceux que tu lui as donnés. 3 Or, la vie éternelle, c'est qu'ils te connaissent, toi, le seul vrai Dieu, et celui que tu as envoyé, Jésus-Christ. 4 Je t'ai glorifié sur la terre, j'ai achevé l'œuvre que tu m'as donnée à faire. » Jean 17.

« 16 Car je n'ai point honte de l'Evangile: c'est une puissance de Dieu pour le salut de quiconque croit, du Juif premièrement, puis du Grec, 17

parce qu'en lui est révélée la justice de Dieu par la foi et pour la foi, selon qu'il est écrit: Le juste vivra par la foi.» Romains 1.

« Ce mouvement spirituel, qui dans sa simplicité se donne sa déterminité et dans celle-ci son égalité avec lui-même, et qui est donc le développement immanent du concept, est la méthode absolue du connaître, et en même temps l'âme immanente du contenu lui-même. » <u>Doctrine de l'Etre</u> Georg Wilhelm Friedrich Hegel.

« L'organique ne produit pas quelque chose, mais il ne fait que se conserver soi-même. » <u>La Phénoménologie de l'Esprit</u> 218. Georg Wilhelm Friedrich Hegel.

« L'opération n'altère rien et ne va contre rien; elle est la pure forme de la traduction du non-être-vu dans l'être-vu, et le contenu, qui est ainsi mis en lumière et se présente, n'est rien d'autre que ce que cette opération est déjà en soi-même. » <u>La Phénoménologie de l'Esprit</u> Georg Wilhelm Friedrich Hegel.

« Ainsi l'instinct de la raison trouve aussi dans sa recherche seulement la raison elle-même. » <u>La Phénoménologie de l'Esprit</u> Georg Wilhelm Friedrich Hegel.

Quand la personne a commencé à croire et qu'elle a reçue l'esprit de Dieu en elle, les autres individus ne viendront pas l'acclamer parce que le fils de l'homme est exclusif. C'est de bonne guerre et c'est mutuellement que la personne et les autres s'excluent. Quand on est acclamé, ce n'est pas un signe du don de Dieu. Avec ce don on est plutot rejeté, et la personne doit s'attendre à cela pour ne pas s'offusquer outre-mesure. Les gens se disent que c'est tout bon, mais le don n'est pas le leur; et alors ils s'excluent de toute l'affaire.

« 26 Malheur, lorsque tous les hommes diront du bien de vous, car c'est ainsi qu'agissaient leurs pères à l'égard des faux prophètes! » Luc 6.

« Elle est singularité : nouvelle catégorie qui est conscience exclusive, ou constituée de telle sorte qu'un Autre est pour elle. La singularité est elle-même son propre passage de son concept à une réalité extérieure, elle est le pur schème, qui est conscience, et qui est aussi bien, en tant qu'il est singularité et Un exclusif, la désignation d'un Autre.» <u>La Phénoménologie de l'Esprit</u> Georg Wilhelm Friedrich Hegel.

« 11 Heureux serez-vous, lorsqu'on vous outragera, qu'on vous persécutera et qu'on dira faussement de vous toute sorte de mal, à cause de moi » Matthieu 5.

Les prophètes non plus ne croyaient pas qu'il était possible de s'identifier à Dieu et devenir lui, pouvoir dire qu'on est soi-même Dieu. La différence entre le don de prophétie et le Concept du Christ, est ainsi le fait que c'est seulement dans le Concept du Christ qu'on est absolument certain d'être le même être que celui de Dieu. Mais il n'avait été donné à personne de savoir qu'il pourrait souper sur la même table que Dieu, ou qu'on peut être essentialité absolue, avant l'avènement de Jésus. Personne ne s'était jamais imaginé que c'était possible. C'est trop beau pour être vrai, mais rien n'est trop beau pour Dieu. Jésus nous apprit que venir à Dieu, n'est pas un trop grand luxe, c'est une exigence, une nécessité. Il nous apprit que c'est cela-même que demande Dieu. L'idée la plus géniale, la plus haute, la plus originale, c'est celle-là; il ne peut y avoir rien de mieux que d'habiter dans la même cour que Dieu.

« 3 Or, la vie éternelle, c'est qu'ils te connaissent, toi, le seul vrai Dieu, et celui que tu as envoyé, Jésus-Christ. » Jean 17.

«…23 Et, se tournant vers les disciples, il leur dit en particulier: Heureux les yeux qui voient ce que vous voyez! 24 Car je vous dis que beaucoup de prophètes et de rois ont désiré voir ce que vous voyez, et ne l'ont pas vu, entendre ce que vous entendez, et ne l'ont pas entendu. » Luc 10.

« 30 Moi et le Père nous sommes un. » Jean 10.

« Le moi doit s'élever à l'Absolu pour que l'Absolu réside dans le moi » <u>*Différence entre les systèmes de Fichte et de Schelling*</u> *G.W.F. Hegel. trad Bernard Gilson. Vrin.*

« L'intuition intellectuelle suprême révèle l'Absolu qui devient objectif en sa totalité accomplie, l'incarnation divine, le « logos » qui était dès le commencement. Les instruments intellectuels de cette intuition sont l'art, la religion envisagée comme un art collectif, et la philosophie. » <u>*Différence entre les systèmes de Fichte et de Schelling*</u> *G.W.F. Hegel. trad Bernard Gilson. Vrin.*

« Un rameau sortira de la souche de Jessé, père de David, un rejeton jaillira de ses racines. Sur lui reposera l'esprit du Seigneur : esprit de sagesse et de discernement, esprit de conseil et de force, esprit de connaissance et de crainte du Seigneur » Isaïe 11, 2.

« 22 Mais vous vous êtes approchés de la montagne de Sion, de la cité du Dieu vivant, la Jérusalem céleste, des myriades qui forment le chœur des anges, 23 de l'assemblée des premiers-nés inscrits dans les cieux, du juge qui est le Dieu de tous, des esprits des justes parvenus à la perfection, 24 de Jésus qui est le médiateur de la nouvelle alliance, et du sang de l'aspersion qui parle mieux que celui d'Abel. » Hébreux 12.
« 7 Allez, prêchez, et dites: Le royaume des cieux est proche. 8 Guérissez les malades, ressuscitez les morts, purifiez les lépreux, chassez les démons. Vous avez reçu gratuitement, donnez gratuitement. » Matthieu 10:7.

Christ était, est, sera pour toujours Dieu manifesté en personne, c'est-à-dire en chair et en os. C'est là une position convoitée par toute conscience individuelle; chacun aurait voulu que ce fût lui qui fut Dieu sur terre ; mais c'est déjà pris. Il y a un seul Dieu et ce ni moi ni toi, ça il faudra vraiment s'y faire. Qu'est-ce à dire ? Christ est esprit absolu, est l'Absolu. C'est incroyable, mais c'est vrai. Ça ne s'est jamais vu avant lui, les prophètes n'avaient pas eu une telle prétention. Quand on n'est pas l'Absolu, l'idée ne vient même pas à l'individu de s'autoproclamer comme tel. Par contre après lui, n'importe qui pouvait prétendre à être esprit absolu, la porte était ouverte, et ça devenait une *rat race* pour devancer chacun et être le premier avant les autres à y arriver. Car après Jésus, ce n'était pas seulement devenu une possibilité de devenir esprit absolu, ce devint l'exigence de l'esprit lui-même.

« 32 C'est pourquoi, quiconque me confessera devant les hommes, je le confesserai aussi devant mon Père qui est dans les cieux; » Matthieu 10.
Puisqu'en Christ l'esprit s'est concilié et s'est parfait, c'est-à-dire, puisque l'esprit de Dieu est sur lui, si quelqu'un veut avoir la meme esprit, il ne le pourra qu'avec l'accord de Jésus. Terre à terre, c'est son esprit et on ne peut pas le lui prendre de force. C'est une sagesse consciente de soi, ou qui est un etre. Et quand l'esprit a, de son propre gré, élu quelqu'un, c'est en entier qu'il se donne à l'individu, qui reçoit alors le don grandiose et gratuit de l'esprit de Dieu.

« 6 Jésus lui dit: Je suis le chemin, la vérité, et la vie. Nul ne vient au Père que par moi. » Jean 14.

Quand on ne se fait pas à l'idée que Jésus est, était et sera toujours le Christ, ça devient un vrai problème pour la personne récalcitrante, un problème dont il n'a aucun moyen de résoudre, car on ne peut rien contre la vérité et l'Absolu. C'est comme se cogner la tête contre le mur, pour employer un euphémisme. Ce n'est pas une bonne idée de le prendre pour un rival ou un ennemi. Ce n'est même pas une idée, c'est un pathos. C'est-à-dire qu'alors, on ne se rend pas compte. Quand par contre on se fait humble et obéissant, Christ intervient pour la personne pour qu'il devienne lui aussi esprit absolu, c'est-à-dire pour qu'elle soit accompli et obtienne satisfaction. Christ lui montre le chemin qui mène à cette fin à travers des révélations intérieures, alors que si elle fait la sourde oreille et n'en fait qu'à sa tête et à son orgueil, on la laisse aller son chemin jusqu'à ce qu'elle se casse la figure, parce qu'alors, elle ne peut pas voir les murs invisibles. Si quelqu'un s'autoproclame Dieu sur terre, on le laisse faire ; il verra que ce n'est pas facile de l'être ; quelque part ce n'est même pas tentant, car le chemin est long, difficile, et parsemé d'embuches. C'est à Christ seulement qu'il est donné de s'en sortir indemne, sans égratignures. C'est pourquoi, on ne peut pas faire sans lui, l'alpha et l'Omega. Car les dangers aussi, il les connait comme sa poche. Il les a créés eux-aussi, mais au début du processus, il commence sa longue marche en ayant tout oublié. Mais dès qu'ils se profilent, il se remémore de ce dont il s'agit, et il lui vient immédiatement l'antidote.

« 36 Il leur dit: Que voulez-vous que je fasse pour vous? 37 Accorde-nous, lui dirent-ils, d'être assis l'un à ta droite et l'autre à ta gauche, quand tu seras dans ta gloire. 38 Jésus leur répondit: Vous ne savez ce que vous demandez. Pouvez-vous boire la coupe que je dois boire, ou être baptisés du baptême dont je dois être baptisé? 39 Nous le pouvons, dirent-ils. Et Jésus leur répondit: Il est vrai que vous boirez la coupe que je dois boire, et que vous serez baptisés du baptême dont je dois être baptisé; 40 mais pour ce qui est d'être assis à ma droite ou à ma gauche, cela ne dépend pas de moi, et ne sera donné qu'à ceux à qui cela est réservé.» Marc 10.

Certains esprits malins allergiques à la bonne nouvelle, craignaient et ne voulaient pas que Dieu s'invita sur terre parce qu'ils croient qu'il ne viendrait que faire sa loi et leur empêcher de faire la bamboula. Or, contre toute attente, il ne fait même pas sa loi une fois descendu sur terre. Il est plus dangereux quand il n'est pas sur terre. Christ intervient seulement quand quelqu'un part à sa propre perte; il ne peut tout de même pas « *rester planté là, rester sans rien dire, la laisser partir dans ses délires et aller faire n'importe quoi.* » <u>N'importe Quoi</u> Florent Pagny.

«...*28 Venez à moi, vous tous qui êtes fatigués et chargés, et je vous donnerai du repos. 29 Prenez mon joug sur vous et recevez mes instructions, car je suis doux et humble de cœur; et vous trouverez du repos pour vos âmes. 30 Car mon joug est doux, et mon fardeau léger.* » Matthieu 11.

«*17 Ne croyez pas que je sois venu pour abolir la loi ou les prophètes; je suis venu non pour abolir, mais pour accomplir.*» Matthieu 5.

« *17 Dieu, en effet, n'a pas envoyé son Fils dans le monde pour qu'il juge le monde, mais pour que le monde soit sauvé par lui. 18 Celui qui croit en lui n'est point jugé; mais celui qui ne croit pas est déjà jugé, parce qu'il n'a pas cru au nom du Fils unique de Dieu....*» Jean 3.

Cette idée ultimement haute est le summum indépassable pour toute conscience. On ne peut pas avoir une meilleure idée que d'entrevoir qu'on peut s'approcher de Dieu et s'unifier à lui. Après avoir su qu'il était possible de devenir Dieu et que cela est le but suprême, la modestie n'avait plus droit de cité. Il ne reste plus quelque chose de plus à savoir ou des raisons de se perdre dans des spéculations, mais il s'agit de passer à l'action. On sait désormais ce qui nous reste à faire, à moins de mauvaise foi. Il ne reste plus à l'individu que de se lancer à la conquête de Dieu, en cherchant à le connaitre plus en profondeur, et à le pénétrer pour s'imprégner de lui, pour se fondre en lui, devenir la même chose que lui, se perdre en lui. Autrement dit, le savoir de ce but suprême clôture le savoir; c'était la dernière chose qu'il restait à savoir pour concentrer tous les efforts dans l'action, agir en conséquence, agir effectivement dans le sens de poursuivre patiemment et méthodiquement le but suprême, puisqu'on ne voit pas pourquoi la personne y renoncerait. Qui peut dire qu'il ne souhaite pas être auprès de Dieu ? Donc pour atteindre le but suprême, il faut et il suffit de le vouloir de tout cœur, de tout son cœur, de toute sa force, de toute son âme. Il faut s'accrocher, y croire dur comme fer. Il faut fournir son maximum et c'est ce maximum qui devient la part de l'individu en l'universel. Tout ce qu'il faut éviter, c'est la mauvaise foi ou l'hypocrisie. Si on ne le veut pas, ça ne marchera jamais.

« Mais la raison effectivement réelle n'est pas si inconséquente; étant d'abord seulement la certitude d'être toute réalité, elle est conscience dans ce concept de ne pas être encore entant que certitude et en tant que moi la réalité en vérité, et elle est poussée à élever sa certitude à la vérité et à remplir le mien vide. » La Phénoménologie de l'Esprit Georg Wilhelm Friedrich Hegel.

« Mais cette substance qui est l'esprit, est le devenir de l'esprit pour atteindre ce qu'il est en soi, et c'est seulement comme ce devenir se réfléchissant soi-même en soi-même qu'il est en soi en vérité l'esprit. Il est en soi le mouvement de la connaissance - la transformation de cet en-soi en pour-soi, de la substance en sujet, de l'objet de la conscience en objet de la conscience de soi, c'est-à-dire en objet aussi bien supprimé comme objet, ou en concept. Ce mouvement est le cercle retournant en soi-même qui présuppose son commencement et l'atteint seulement à la fin. En tant donc que l'esprit est nécessairement ce mouvement de se distinguer en soi-même, son tout intuitionné apparaît en face de sa conscience de soi simple, et donc, puisque ce tout est ce qui est distingué, il est distingué en son pur concept intuitionné, le temps, et en son contenu ou l'en soi. » La Phénoménologie de l'Esprit 305-306 Georg Wilhelm Friedrich Hegel.

Puisque l'idée ultime consiste en l'actualisation par soi de la raison, chaque conscience peut mettre cet objet en œuvre pour se réaliser et venir en présence de Dieu. A travers l'actualisation de soi, la conscience se dirige vers Dieu, et Dieu aussi fait le déplacement pour la rejoindre et l'accueillir à bras ouverts; c'est-à-dire qu'il s'engendre en elle, descend pour venir la remplir.

«10 Apportez à la maison du trésor toutes les dîmes, Afin qu'il y ait de la nourriture dans ma maison; Mettez-moi de la sorte à l'épreuve, Dit l'Eternel des armées. Et vous verrez si je n'ouvre pas pour vous les écluses des cieux, Si je ne répands pas sur vous la bénédiction en abondance. » Malachie 3.

« 18 Je me lèverai, j'irai vers mon père, et je lui dirai: Mon père, j'ai péché contre le ciel et contre toi, 19 je ne suis plus digne d'être appelé ton fils; traite-moi comme l'un de tes mercenaires. 20 Et il se leva, et alla vers son père. Comme il était encore loin, son père le vit et fut ému de compassion, il courut se jeter à son cou et le baisa. 21 Le fils lui dit: Mon père, j'ai péché contre le ciel et contre toi, je ne suis plus digne d'être appelé ton fils. 22 Mais le père dit à ses serviteurs: Apportez vite la plus belle robe, et l'en revêtez; mettez-lui un anneau au doigt, et des souliers aux pieds. 23 Amenez le veau gras, et tuez-le. Mangeons et réjouissons-nous; 24 car mon fils que voici était mort, et il est revenu à la vie; il était perdu, et il est retrouvé. Et ils commencèrent à se réjouir. » Luc 15.

Pour la conscience ordinaire et pour l'entendement, il est impossible que Dieu lui-même descende sur terre. Pour elle, si le Dieu vivant venait sur terre, ça devrait être tonitruant, ça devrait faire mouche et tout le monde s'en rendrait compte immédiatement. Il y aurait un grand bruit qu'on entendrait d'ici jusqu'en Chine. Mais le royaume des cieux ne vient pas de manière à frapper les regards, c'est une œuvre silencieuse, c'est ce qui se trame dans le monde souterrain, ce qui se passe dans le monde invisible. Donc, si on reste dans l'ordinaire, on peut dire adieu à Dieu; il se trouve dans le monde invisible; mais ça ne veut pas dire quelque part, on ne sait pas où; c'est ici que ça se passe, ici-et-maintenant. Le monde invisible embrasse et couvre le monde visible, il est donc ici-même.

« 4 pour les incrédules dont le dieu de ce siècle a aveuglé l'intelligence, afin qu'ils ne vissent pas briller la splendeur de l'Evangile de la gloire de Christ, qui est l'image de Dieu » 2 Corinthiens 4.
« L'esprit, en tant qu'esprit véritable, existe en soi et pour soi ; il est donc, non pas une essence abstraite, extérieure au monde des objets, mais se trouve à l'intérieur même de ce monde où il entretient dans l'esprit fini le souvenir de l'essence de toutes choses, souvenir qui permet à ce fini d'appréhender le fini, c'est-à-dire lui-même, d'une façon essentielle et absolue. » <u>Esthétique</u> *Georg Wilhelm Friedrich Hegel.*
«...7 Et Dieu ne fera-t-il pas justice à ses élus, qui crient à lui jour et nuit, et tardera-t-il à leur égard? 8 Je vous le dis, il leur fera promptement

justice. Mais, quand le Fils de l'homme viendra, trouvera-t-il la foi sur la terre? » Luc 18.

« 6 Mais qui a le pouvoir de lui bâtir une maison, puisque les cieux et les cieux des cieux ne peuvent le contenir? Et qui suis-je pour lui bâtir une maison, si ce n'est pour faire brûler des parfums devant lui? » 2 Chroniques 2.

«18 Mais quoi! Dieu habiterait-il véritablement avec l'homme sur la terre? Voici, les cieux et les cieux des cieux ne peuvent te contenir: combien moins cette maison que j'ai bâtie!...» 2 Chroniques 6:18.

«14 Et la parole a été faite chair, et elle a habité parmi nous, pleine de grâce et de vérité; et nous avons contemplé sa gloire, une gloire comme la gloire du Fils unique venu du Père» John 1:14.

« 49 Le ciel est mon trône, Et la terre mon marchepied. Quelle maison me bâtirez-vous, dit le Seigneur, Ou quel sera le lieu de mon repos? »Actes 7:49.

« 7 Où irais-je loin de ton esprit, Et où fuirais-je loin de ta face? » Psaumes 139:7.

C'est la descente de Dieu sur terre qu'on prend pour son engendrement de soi. Dieu n'a jamais eu besoin de s'engendrer soi-même puisqu'il existe de toute éternité. Mais on peut s'amuser à se demander comment il se serait engendré s'il avait eu à le faire. Il l'aurait fait de la façon la plus rationnelle qui soit; ce ne pourrait pas être une œuvre incohérente, tordue, incongrue ou malformée. Autrement dit, il aurait mis la raison à l'œuvre pour que son œuvre soit rationnelle, soit la meilleure qui soit. La raison est ainsi l'outil avec lequel on se crée, on s'engendre soi-même; c'est l'instrument dont on se sert pour créer quoi que ce soit. Si Dieu avait eu à se créer, il se serait servi de la raison pour le faire. Pour s'engendrer soi-même comme individu effectif, c'est aussi l'attitude raisonnable qui est la recette. Un individu effectif reflète la raison actualisée ou la raison vivante incarnée par lui, comme si c'était elle-même qui se déployait et agissait à sa place.

« Cette raison que l'esprit a, est enfin intuitivement possédée par lui comme la raison qui est ou comme la raison qui est en lui effectivement et qui est son monde. » <u>La Phénoménologie de l'Esprit</u> *Georg Wilhelm Friedrich Hegel.*

« L'esprit est la vie éthique d'un peuple en tant qu'il est la vérité immédiate, - l'individu qui est un monde » <u>La Phénoménologie de l'Esprit</u> Georg Wilhelm Friedrich Hegel.

L'immédiateté de la raison ou son reflet est l'évidence, ou ce qui se passe de commentaire. C'est une effectivité qui fait comprendre à l'individu ce dont il est question avant-même qu'il n'ait eu le temps de poser sa question, c'est-à-dire en anticipant la réponse, même si cela ne lui empêche pas de douter ou de ne pas croire ses propres yeux. La vérité se fait manifeste à l'individu, mais celui-ci se dit que ça ne se peut pas. Face à la vérité, on se rend compte de la réponse à la question qu'on était sur le point de poser, et on est embarrassé à se demander s'il faut poser la question quand-même ou si ce n'est plus la peine. L'individu se rend tout à coup compte de quoi il s'agit, alors qu'il était tantôt absolument certain de l'ignorer. C'est alors comme si on lui avait inculqué la lumière nécessaire pour qu'il réalise ce dont il s'agit, contre son gré, comme parachutée du ciel et comme si on imposait à la personne de se réveiller, comme avec la méthode de la maïeutique. Quand la vérité se manifeste à une conscience, celle-ci n'a plus besoin de se poser des questions; pourtant, il arrive qu'on perde son temps à questionner l'évidence comme s'il restait autre chose à savoir.

Une fois qu'on réalise l'évidence ou l'immédiateté, l'individu ne doit pas tergiverser et se perdre en conjectures. Il doit faire ce qui lui reste à faire; sinon l'immédiateté s'envole et s'évanouit, comme quelque chose de fugace et d'impossible à attraper, qui court toujours sans jamais s'arrêter. Quand on questionne ce qui est évident, on perd énormément de temps. Il faut la prendre simplement comme telle; on ne la change pas si on essayait; on se ferait du tort en questionnant le fait têtu. Il ne possède déjà plus de zones d'ombre; c'est en tant qu'elle est claire qu'elle est l'évidence. Si avec tout ça on en est à la questionner, cela frise de la mauvaise foi, ou de la malhonnêteté intellectuelle. On ne questionne que ce qui ne s'est pas encore clarifié et qu'on n'a pas bien compris. Si on a tout vu et tout compris, on ne dispose plus de prétexte pour tergiverser, ou se demander comment cela est-il possible. Il faut seulement faire ce qui reste à faire, puisque la réaction est immédiatement présente dans l'effet insufflé par l'action. Mais quand on ne veut pas obtempérer à ce que la réaction commande de faire, cette mauvaise foi induit l'individu à se poser des questions sur quelque chose qui pourtant s'est déjà clarifié dans sa conscience. C'est alors que l'immédiateté lui glisse entre les doigts et l'individu se met à la traine du cours des choses. La prochaine fois, ça lui devient plus difficile de reconnaitre cette même-évidence quand-même qu'elle est au bout de son nez. Tout d'abord, il se refusa à en croire ses yeux et admettre l'évidence pour directement passer à l'action. Après avoir refusé par mauvaise foi de s'exécuter, et après que l'immédiateté lui glissa entre les doigts, il perd l'aptitude à la reconnaitre le lendemain.

«...61 Un autre dit: Je te suivrai, Seigneur, mais permets-moi d'aller d'abord prendre congé de ceux de ma maison. 62 Jésus lui répondit: Quiconque met la main à la charrue, et regarde en arrière, n'est pas propre au royaume de Dieu. » Luc 9.
« 37 Pilate lui dit: Tu es donc roi? Jésus répondit: Tu le dis, je suis roi. Je suis né et je suis venu dans le monde pour rendre témoignage à la vérité. Quiconque est de la vérité écoute ma voix » Jean 18.
«...62 Le souverain sacrificateur se leva, et lui dit: Ne réponds-tu rien? Qu'est-ce que ces hommes déposent contre toi? 63 Jésus garda le silence. Et le souverain sacrificateur, prenant la parole, lui dit: Je t'adjure, par le Dieu vivant, de nous dire si tu es le Christ, le Fils de Dieu. 64 Jésus lui répondit: Tu l'as dit. De plus, je vous le déclare, vous verrez désormais le Fils de l'homme assis à la droite de la puissance de Dieu, et venant sur les nuées du ciel. » Matthieu 26.

Si Dieu ne descendait pas sur terre et qu'il fallait attendre d'aller au ciel pour le voir, ceux qui l'aiment et aspirent à le connaitre, auraient été mis au chômage, puisque c'est cela leur hobby, leur plaisir ou leur jouissance. Quel aurait été le but de la religion si ce n'était pas de se donner les moyens de rencontrer Dieu en temps réel ? Si on dit que c'est impossible, on ne voit pas pourquoi pas. Serait-ce parce qu'il n'a pas le droit de se manifester sur la terre des hommes? Ou parce qu'il en est incapable ? Ou parce que ça ne lui dirait pas d'avoir des terriens en sa compagnie, tellement qu'ils sont infréquentables? Non, au regard des Ecritures, ça ne peut être impossible que si ce sont les hommes qui n'en ont pas suffisamment envie.

De même, si dans le Concept du Christ Dieu était déjà sur terre avec nous, on se demande ce que les gens sont partis chercher dans des spéculations métaphysiques à prouver l'existence de Dieu. Si on cherche d'autres preuves que le Concept, on se dit de la sorte que toute preuve n'aurait pas été suffisante pour décrire Dieu dans son entièreté et prouver son existence; mais alors il ne faut pas attendre la preuve demandée parce que le monde entier ne pourrait pas la contenir, et ce n'est pas ce genre de preuve dont la science a besoin. Le fait de se questionner sur l'existence de Dieu est donc un faux problème, mais qui se constitue en vrai problème dans la vie d'un homme, puisqu'avec ça, on n'est pas bien parti. Partir d'un bon pied consiste à supposer que tout soit possible, pas seulement Dieu, tout. Qui aurait cru par exemple qu'il soit possible de haïr Dieu ? Pourtant il est le personnage le plus haï de la terre selon qu'il est écrit *« vous serez haïs de tous à cause de mon nom »*. C'est en élargissant l'univers des possibles à l'infini que l'esprit s'est entièrement ouvert. Ce à quoi il se ferme, ou là où il n'est pas ouvert, rien n'entre en lui, et il passe à côté de choses réelles qui n'ont pas attendu qu'il croit en leur existence pour exister. Elles existaient bien avant qu'il devint sûr et certain de leur existence. Tout homme dispose de l'intuition immédiate que l'esprit l'urge et réclame de lui qu'il se réalise soi-même en temps réel. Seulement on conçoit cette intuition comme le plus long chemin, et on s'imagine qu'on peut se trouver un raccourci. On ne fait alors que se maintenir dans la minorité ou l'infantilisme. *« 14 Car il y a beaucoup d'appelés, mais peu d'élus. »* Matthieu 22.

Tables des Matières

Les figures universelles de la conscience..2

Introduction...2

La foi : Abraham, l'ami de Dieu...28

Moise ou la loi morale..29

David: la fibre royale..51

Salomon: l'amour de la sagesse..53

La vertu: Jean le Baptiste..56

Le Concept du Christ ou la figure centrale de la conscience......................87

Conclusion..131

Oui, je veux morebooks!

I want morebooks!

Buy your books fast and straightforward online - at one of the world's fastest growing online book stores! Environmentally sound due to Print-on-Demand technologies.

Buy your books online at
www.get-morebooks.com

Achetez vos livres en ligne, vite et bien, sur l'une des librairies en ligne les plus performantes au monde!
En protégeant nos ressources et notre environnement grâce à l'impression à la demande.

La librairie en ligne pour acheter plus vite
www.morebooks.fr

OmniScriptum Marketing DEU GmbH
Heinrich-Böcking-Str. 6-8
D - 66121 Saarbrücken
Telefax: +49 681 93 81 567-9

info@omniscriptum.com
www.omniscriptum.com

www.ingramcontent.com/pod-product-compliance
Lightning Source LLC
Chambersburg PA
CBHW021833300426
44114CB00009BA/418